江户

一年

岁时
风物记

[日本] 小和田哲男　著

欧书宁　译

江苏人民出版社

图书在版编目（CIP）数据

江户一年：岁时风物记 /（日）小和田哲男著；欧
书宁译 . -- 南京：江苏人民出版社，2023.7
　ISBN 978-7-214-28149-4

　Ⅰ . ①江… Ⅱ . ①小… ②欧… Ⅲ . ①日本—中世纪
史—江户时代 Ⅳ . ① K313.36

中国国家版本馆 CIP 数据核字 (2023) 第 102107 号

江苏省版权局著作权合同登记号 : 图字　10-2023-102 号

书　　　　名	江户一年　岁时风物记	
著　　　者	［日本］小和田哲男	
译　　　者	欧书宁	
项 目 策 划	凤凰空间/罗远鹏	
责 任 编 辑	赵婍	
出 版 发 行	江苏人民出版社	
出版社地址	南京市湖南路1号A楼，邮编：210009	
总 经 销	天津凤凰空间文化传媒有限公司	
总 经 销 网 址	http://www.ifengspace.cn	
印　　　刷	天津善印科技有限公司	
开　　　本	710 mm×1000 mm　1/16	
印　　　张	11	
版　　　次	2023年7月第1版　2023年7月第1次印刷	
标 准 书 号	ISBN　978-7-214-28149-4	
定　　　价	79.80元	

（江苏人民出版社图书凡印装错误可向承印厂调换）

本书的阅读方法

活动参与阶层

活动流行年代

所在月份名称

基本讲解

内容拓展

探寻江户时代百花齐放、
四季多彩的庶民文化

德川家康统一日本后，江户持续了长达 265 年的幕藩体制。这一时期，与海外的交流仅限于长崎一市，江户的文化在锁国状态下百花齐放。

在江户时代以前，日本文化以武士和贵族为中心。但随着社会稳定，天下太平，庶民阶层的经济地位、社会地位不断提高，文化重心也逐渐向这一阶层倾斜。

江户时代人们举行的各种活动和节庆祭典中，一些文化活动代代相传延续至今，也有许多已随时代改变，甚至消失在历史长河中。

例如，现代日本人在正月进行的初诣（新年第一次参拜），在江户时代是仅有少数人参加的活动。当时大多数人在正月里不会出门，在家过节才是主流。

生活在现代的日本人，会为后世留下哪些文化，又会改变什么呢？

本书将江户时代庶民建立起的文化与当下的日本文化进行比较，配合简单易懂的插画来帮助读者了解江户时代市井百姓的文化与生活。

希望读者可以通过这本书领略日本江户时代的底蕴，并再次体会日本文化之美。

小和田哲男

江户的历法以月相变化为基础，使用阴历

阴历

阴历以月亮圆缺一次的时间为一个月。新月之日为每月第一天，满月之日为月半，也就是每月十五日。

　　如今，世界上几乎所有国家都使用以地球绕日公转周期为基础制定的格里历（公历），但日本长期受中国文化影响，在江户时期使用的是以月相盈亏为基础推算而来的阴历。

　　月亮从几乎看不见的新月开始，一日日逐渐变圆，直至满月。紧接着，满月后月亮又开始一天天地缺亏，直到再次成为新月。这一个周期大约为29.5天。

　　在阴历中，每月的新月之日被称为朔日（一日），满月之日为望日（十五日），而月亏至几乎看不见时，就到了月底。江户时代的人们便是如此通过月亮的形状来推测当天的日期。

　　然而，月相的周期为29.5天，以此计算的话，一年只有354天。若以一个月为30天计算，一年便有360天，两者相差6天。若忽视这一问题，两年半后依照历法本应为朔日的日子，天上却会出现满月。

大小月

大小月

小月（29 天）用细笔书写，
大月（30 天）用粗笔书写。

新历

明治五年（1872）十二月二日废除旧历[1]（阴历），改为使用以地球绕太阳公转的运动周期为基础的新历（公历），并以十二月三日为新历 1 月 1 日。

　　这样一来历法与实际生活就出现了误差，由此产生了大小月。一个月有 29 天的是小月，有 30 天的是大月，大月和小月相互交替。换句话说，其计算方法是（29 天 +30 天）×6 个月 =29.5×12 个月。

　　一般人只要知道大月与小月的区别，仅通过辨别月亮的形状就能大概得出日期。由此，在江户时代人们也使用标记大月与小月的大小月历法。但这种历法使得一年只有 354 天，与实际的 365 天相差了 11 天。

　　若不进行调整，持续几年后，人们恐怕要在夏天过年了。为此五年内就会出现两次将一年调整为 13 个月的情况。多出来的月份被称为"闰月"，增加在 12 个月中的哪个月则没有明确的规定。

1. 旧历即日本在明治维新前所使用的阴历，但其与从中国传入的阴历相比有诸多变化，所以本书正文中都使用"旧历"一词，以示区分。

懂得享受二十四节气的江户庶民

二十四节气

右图圆圈的最外圈为新历，明治五年（1872）改历后新历与旧历间产生了大约一个月的差异。

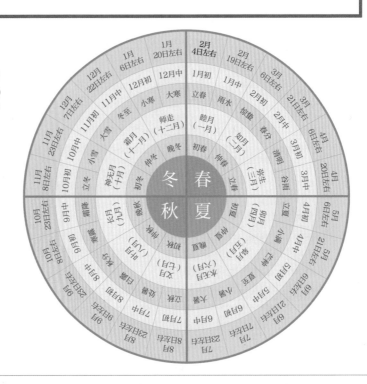

江户时代的季节划分方法，是将地球公转的周期分割为24份，得到二十四节气（于6世纪中期从中国传入日本），再根据二十四节气划分四季。现在人们常说的"立春""夏至""立秋"，指的便是二十四节气。

为了方便，人们将二十四节气与旧历对照，以睦月、如月、弥生为春季，以卯月、皋月、水无月为夏季，以文月、叶月、长月为秋季，以神无月、霜月、师走为冬季。

若没有闰月，旧历一月一日会推后11天，有闰月时则提前18天。现在的1月21日换算成旧历则约是十二月二十日，结合上图的二十四节气，此时便是立春。虽然与新历相较旧历有约一个月的时差，但此时天气已渐渐回暖，说是立春也无伤大雅。反倒是新历的1

和服

单衣

夏季

日本自古以来夏季天气就高温高湿，江户时代也不例外。一到夏季天气闷热，人很容易汗流浃背。因此夏季多选择透气性好的衣料。

长合羽
（长雨衣）

棉袄

被炉

冬季

江户时期冬季寒冷，人们会在衣物的内外层布料间填入棉花做成棉袄，以此抵御寒冬。

月1日，虽沿用旧历的习俗迎接新春，但总觉得有些违和。以新历来看，此时还是寒冬。

此外，虽然旧历与新历间有约一个月的时间差，但江户的夏天与如今一样高温多湿。夏天的衣物多用罗、纱等透气性好的轻薄布料缝制。

另外，与现代相比，江户时期的冬季则更加寒冷。因为正值"小冰河期"，经常降雪也容易积雪。庶民们习惯穿被称为"袷"的缝制有内衬的长袍。当遇到更冷的天气时，便在长袍的内外层布料间填入棉花，以此御寒。

即使本书中新历与旧历存在时间差，我也仍会划分季节介绍各个活动主题，阅读中产生"这个时候相当于新历的几月？"这类疑问时，可以再回到左页查看。

喜好节庆活动的江户人的四季生活

夏季里的长屋

用蚊帐防蚊，在大水盆中盛水，玩水纳凉，都是度过盛夏的好方法。

水盆

蚊帐

团扇

桶

　　江户庶民很懂得结合不同季节为生活找乐子。他们多住在被称为"长屋"的集合式住宅中，长屋也成为他们参与季节活动的起点。长屋可以划分为"外店"与"内店"。经济较宽裕的商人或工匠住在面向马路一侧的"外店"，其他人则住在被外店围绕的内侧的"内店"（又称为"内长屋"）。

　　内店的布局为，门口宽约九尺（约

2.7m），屋深二间（约3.6m），一般来说整个屋内空间大约三坪（约9.92m²），又称为"九尺二间的内店"。打开入口处的门，是一间摆放有煮饭用灶台的泥房，再往里面只有一间房间，大小约相当于3叠或4.5叠榻榻米（4.65～6.5m²）。

　　一到夏天，住在长屋的居民就会打开门与内窗，让风吹进室内。日光强烈

锅

灶

冬季里的长屋

为了抵御冬日严寒，江户时代的人们会使用被炉、火盆等取暖用具。

棉被

火盆

被炉

时，就挂上竹卷帘或放竹屏风遮阳。门窗长时间打开，人们在夜里就会受到蚊虫侵扰，常以吊挂蚊帐防止蚊虫飞入，或焚烧被称为"蚊遣"的草药驱赶蚊虫。

江户时代住宅多半以拉门或纸门隔间，难以抵御冬季寒气。当时人们在屋内取暖的用具顶多是火盆、暖炉桌或随身暖炉。江户庶民最常使用的取暖用具是长火盆，这东西除了取暖外，还能利用钵中炭火煮火锅或热酒。暖炉桌的原理也是在桌内烧炭取暖，由于桌底空间狭小，往往无法供全家一起使用。当然，只靠火盆也无法温暖整个室内，天气冷的时候，一家人只好聚集在暖炉桌旁或火盆附近抵御寒冷。

当时没有现在盖的这种棉被，冬天睡觉时盖在身上的是被称为"播卷"、形状比普通棉袍大一点的大棉袄。

目录

第一章　春季的活动

一月（睦月）

二月（如月）

三月（弥生）

第二章　夏季的活动

四月（卯月）

五月（皋月）

六月（水无月）

第三章　秋季的活动

七月（文月）

八月（叶月）

九月（长月）

第四章　冬季的活动

十月（神无月）

十一月（霜月）

十二月（师走）

第五章　一整年的各色活动

看戏

旅行

兴趣爱好

公共设施

娱乐

生活风格

第一章

春季的活动

旧历 ▷ 一月—三月

新历 ▷ 3月—5月

从季节上来看，旧历的一月至三月，指的便是春季。说到一月，无论现代还是古代，多数人应该都会想到热闹的新年活动，然而二月和三月又有哪些节庆活动呢？让我们通过春天的活动来一窥江户人的生活样貌吧。

一 月 （睦月） 元旦出门买特价商品，江户令人目不暇接的正月活动

符合条件者 ▷	商人	农民	武士	皇室	其他

符合年代	江户前期	江户中期	江户后期[1]

✳ 新年还没到，大家已按捺不住期盼过年

正月的活动是一年中最多的。

江户时代，为迎接新年，最早在十一月，大鸟神社的酉之市便已开始准备，市集上会贩卖吉祥物"熊手耙（竹耙）"。酉之市还被称为"酉大人"，原是如今东京都足立区内大鹫神社的例行活动。

紧接着是十二月十三日的"新年大扫除"，扫去厄运坏事后，就开始正式进入新年的各项活动。除夕当晚，前往能迎接岁德神的寺院和神社进行新年参拜，顺便欣赏日出。新年第一天看日出的习惯就是自江户时代兴起的。

元旦这天，江户城里到处可见往来贺年的大名诸侯、幕府家臣。住在城里的民众纷纷前来看热闹，也有人趁机兜售商品给等待城主归来的家臣们。

因为商店都利用元旦前的除夕夜清点结算，元旦这天歇业，普通民众居住的城区反而一片寂静。隔天，商店会举行新年首卖，搬运首批货物的工人与前来购物的客人、街头艺人（详见第8—11页）聚集在一起，将街道挤得水泄不通。商店前挂着画有店徽或写有店铺名的灯笼，大街上熙来攘往，满是载着商品的拖车及马匹。

人们陆续出门访友贺年，孩子们放风筝、玩纸牌。上门的客人若是熟人，则会请对方吃年菜、喝酒，如果只是普通交情，请对方在门口的礼簿上签名即可。

江户幕府制定的节庆"五节句"中，元月七日的"人日"习惯吃七草粥；商店于十一日庆祝正式开仓做生意；十五日是小正月，十六日是"薮入"[2]，指商店雇员放假的日子。

---

1. 江户前期 (1603—1710 年)、江户中期 (1710—1790 年)、江户后期 (1790—1850 年)。
2. 阴历一月十六日和七月十六日被称为"薮入"。

睦月

如月

弥生

正月的活动

面向新一年，开始最初的节庆活动！

旧历正月过后不久便是立春，可以说是最适合称为"新春"的时节。这段时间，江户人忙着到处贺年访友。

正月恭贺新春

每逢正月，江户商人会穿上和武士一样的"裃"[1]四处访友贺年，这时寒暄的内容不是如今大家熟悉的"恭贺新年"，当时比较普遍的贺年用语是"谨表庆贺"。

武士

商人

谨表庆贺

元旦日出

洲崎（今东京都江东区）是看元旦日出的胜地。另外，也有很多人会到高轮（今品川区、港区）及爱宕山（今港区）看日出，不过，元旦看日出在当时并非普及的节庆活动。

活动

澡堂从正月初二开始营业

澡堂从正月初二开始营业。这天上澡堂的人，除了泡澡费用外还会另给店家小费。每年这天，用纸包起来的小费往往在澡堂柜台上堆成一座小山。

小费

1. 日本的男式正装之一。

3

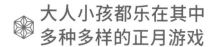

一月 连大人也沉迷于放风筝，
（睦月）政府甚至颁布法令禁止

符合 条件者 ▷	商人	农民	武士	皇室	其他		符合年代	江户前期	江户中期	江户后期

✳ 大人小孩都乐在其中
多种多样的正月游戏

正月流行多种游戏，除了基本的花札纸牌、放风筝、板羽球以及桌游"双六"外，还有贝合、绘合、花结、小鸟合、十种香、盘游、缝物比等各种游戏。

其中，双六是一种可让大人小孩一起同乐的玩具。据说双六于7世纪前传入日本，由于民众过于沉迷游戏，朝廷还曾在持统三年（689）颁布"双六禁止令"。这是日本最早出现的赌博禁止令，因为当时广泛传播的双六被视为赌具。与如今版本相近的双六大约始于江户中期。这一时期，出现了各式各样的双六。玩双六时，庶民能在游戏中化身将军、大商人或知名演员，坐在桌前就能往来京都及富士山等旅游胜地，因此大受欢迎。各版本的双六中，随着游戏深入便能代表出人头地的"出世双六"、仿佛带领玩家纸上游览日本各地名胜的"名所双六"，以及扮演歌舞伎演员的"役者双六"最为流行。

此外，对小孩子来说，通过游玩双六，能够理解社会结构与身份地位的关系，或是学习日本地理，可以说双六也是一种重要的学习工具。

纸牌于16世纪后半叶传至日本，江户时代的纸牌一套为48张，和现代的扑克牌很相近。48张的纸牌后来演变为一套75张的"宇牟须牟纸牌"，常被用来赌博。因此，江户时代政府多次颁布禁令，禁止使用这种纸牌。

最具代表性的户外游戏则是放风筝，人们认为立春之际来到户外仰望天空有益于身心健康，不仅小孩，大人也很享受放风筝的乐趣。

此外，板羽球也是户外游戏的必备，当时的人将当球拍用的羽子板称为"胡鬼板"，羽球则称为"胡鬼之子"。到了元禄年间（1688—1704），人们开始在羽子板和羽球上画上歌舞伎演员等图案，设计逐渐华丽。

正月的游戏

无论古今，很多人都在休闲娱乐中度过正月

打板羽球、放风筝在江户时代是正月专属的娱乐活动，其中放风筝尤其受人喜爱。

睦月

如月

弥生

盘双六

绘双六

盘双六与绘双六

江户时代的双六，有7世纪从中国传来的盘双六和流传至今的绘双六两种，盘双六属于对战形式，一次仅限两人游玩，绘双六可供多人同时游玩，最受欢迎。

风筝

早期的风筝有长长的脚，被称为"花枝旗"。百姓太热衷于放风筝玩，经常因此产生争执，政府只好明令禁止放风筝。

板羽球

古时日本有武士家中生女儿时赠送板羽球祝贺的习俗，这种习俗流传至民间，板羽球成为正月女生最常玩的游戏。

一 月（睦月）　江户人不惜金钱，也想做个好"初梦"

| 符合条件者 ▷ | 商人 | 农民 | 武士 | 皇室 | 其他 | | 符合年代 ▷ | 江户前期 | 江户中期 | 江户后期 |

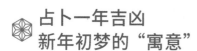

占卜一年吉凶
新年初梦的"寓意"

江户时代，人们认为梦是神佛传达的讯息，相信可借由梦境内容占卜吉凶，从除夕当晚到正月初一早上做的梦称为"初梦"，人们往往用初梦的内容来占卜接下来一年的运势。

为了做个好梦，从幕府将军到庶民都会将画了宝船的图片放在枕头下。据说这个习惯可追溯到日本中世时期，这类图画通常在除夕当天贩卖，到了天明年间（1781—1788），小贩也会在一月二日晚上喊着"宝物、宝物"，与双六等商品一起兜售叫卖。

宝船图种类繁多，有的会将船轴顶部画成龙头，帆柱上以宝珠装饰，或在船帆上写大大的"宝"字。图画上写有回文诗歌，船上搭乘的是七福神，天空中有白鹤飞过，海里则有龟，总之都是带有好兆头的图案。

此外，有几样东西出现在初梦中就象征吉兆，吉利程度依序是"一富士、二鹰、三茄子"。为什么梦见这三样东西被认为是好兆头，其缘由众说纷纭，最常见的说法与江户幕府初代将军德川家康有关。

据说，德川家康隐居后，其居所位于骏河国骏府城（今静冈县中部一带），这里最有名的便是日本第一高山——富士山，老鹰栖息于富士山脚，而骏河国又盛产茄子，因此有了上述说法。另一个说法，是日语中"富士"一词的发音与"不死"一词相近，"老鹰"的读音则与"高"相似，而茄子的发音则与"成就"相近，这些词汇都寓意吉利。

若做了不好的梦，人们则会在隔天早上把宝船图丢进河里冲走。到了幕府末期，习俗演变为与梦境吉凶无关，人们会在隔天起床后将宝船图埋进土里。

初　梦

希望能做快乐的梦，好运一整年！

占卜一整年运势的初梦，当然是期望做个好梦。为了做好梦，江户庶民习惯在除夕或大年初一早上买宝船图。

七福神宝船图

除夕开始贩卖的宝船图，图上绘有七福神，画面看上去就很吉利。

把图画放在枕头下

人们相信只要将宝船图放在枕头底下睡觉，就会做带来好运的初梦。据说这个习惯源自室町时代。

老鹰

茄子　　富士山

一富士、二鹰、三茄子

初梦中，最吉利的是梦到这三样东西。这三样东西都是德川家康隐居的骏河国的特有之物，还有一种说法是，只要梦到这三样东西，就能像德川家康一样获得天下。

丢进河里的习俗

按照习俗，若是做了噩梦，就要将宝船图丢进河里冲走。人们相信这样便能够重拾好运。

表演艺人在正月 挨家挨户巡演

符合 条件者 ▷	商人	农民	武士	皇室	其他		符合年代 ▷	江户前期	江户中期	江户后期

 ## 炒热江户正月节日气氛的街头艺人

每逢正月，各式各样的艺人就会聚集到江户或其他主要城市，形成街头表演。这些在家家户户门前表演的艺人，被称为"街头艺人"。

狮子舞、万岁、太神乐、大黑舞、鸟追等，都是具有代表性的表演。

太神乐是指包括狮子舞在内，将神社祭典上表演的"歌舞"和转伞特技等"曲艺"结合而成的"街头表演"，表演者会一边吹笛子或打太鼓，一边挨家挨户地游走表演，表演狮子舞的人会穿上新买的衣服，带着手巾，脚踩黑色足袋，前往委托表演的人家演出。直到现代，还能在某些历史悠久的老街区看到艺人表演狮子舞。

万岁是一种语言表演艺术。起源于古时木匠在朝廷工作时哼唱的"千秋万岁"。万岁的表演方式是由身穿麻布素袄，头戴乌纱帽的太夫（歌舞伎艺人中地位较高者）和身穿半袴和服的才藏（与太夫配合表演的搞笑艺人）两人一组，前往各家各户，才藏配合打鼓的节奏吟唱吉祥话，祝贺该户人家家业兴旺，健康长寿。

万岁还可分为三河万岁、大和万岁、尾张万岁等，不同地方的万岁有不同特色，江户的"万岁"指的是三河万岁。三河万岁获准进入江户城或大名诸侯家中跳舞，可能与德川家康出身三河（即三河国，今日本爱知县东部地区）有关。

一月二日早上出现在家门口的街头艺人是"鸟追"。鸟追又称为"女太夫"，由一老一少两位女性组成。她们头戴编笠，手套手甲，脚踩木屐，身穿木棉和服，沿路弹奏三味线赚取打赏钱。

大黑舞是由戴面具的男性扮成"大黑天神"（日本神话中的七福神之一），口念祝贺之词赚取打赏的街头表演。说来虽然与乞讨无异，但在江户这也算是一种生存方式。

街头表演 "大道艺" ①

炒热正月节日气氛的街头艺人们

各种街头艺人游走于家家户户,可以称得上是江户时代正月最常见的风景。这些表演有讨吉利或辟邪驱祟的作用。

里面跳舞的有两个人

狮子舞

相传在一年之始跳狮子舞,可以扫除邪恶之物,表演者顶着狮子头,配合笛子或太鼓的节奏经过家家户户,借此获得打赏的红包。

乌纱帽

才藏

太夫

半袴

万岁

由称为"太夫"与"才藏"的两个男性表演者组成,正月时造访家家户户,配合鼓声唱歌。

正月十五后改戴菅笠

编笠

鸟追

一边弹奏三味线等日本传统乐器一边唱歌,款步轻移的街头艺人,鸟追有其独特的规矩,例如从元旦到正月十五都要戴称为"编笠"的斗笠,和服只能穿木棉和服等。

睦月

如月

弥生

9

出没于人来人往处的街头艺人

不仅在正月，只要是在人流量大的集市或神社，都能看到各种街头艺人通过表演赚取生活费。

香具师

贩卖洁牙粉或牙签等日用品的商人。为了吸引顾客，会先表演杂耍或特技。

镰刀　带穗镰刀

手球

绫织

表演抛接镰刀或手球等杂耍特技的街头艺人。除了天气不好的日子，只要是人多的地方都能看到，全年无休。

摇铃

鹿岛的传话人

以常陆国（今日本茨城县）"鹿岛大明神传话人"身份贩卖避灾神符。不过，其中也有胡说八道招摇撞骗的人。

哇哇天王，最爱热闹

哇哇天王

身着黑色羽织与袴裤，脸戴天狗面具的男人。嘴上嚷着"哇哇天王，最爱热闹"，四处赚取打赏钱。

街头表演 "大道艺" ③

只要有一身才艺就能生存下去的江户社会

江户时代是大众娱乐的全盛时期，不仅在江户，街头艺人还在京都、大阪、名古屋等城市讨生活。

睦月

如月

弥生

糖屋舞者

出现于江户时代中期，一边跳舞一边卖糖的街头艺人。特征是身着华丽服饰，打着阳伞。由女性负责卖糖。

耍猴艺人

训练猴子表演，四处巡游的街头艺人。别名"猿曳"。浅草的猿屋町有专门管理耍猴艺人的地方。

卖唱艺人（辻谣）

唱歌赚取微薄赏钱，由此维持生计的浪人武士。习惯坐在蒲草席上，头戴深斗笠。

一人相扑

一人分饰两角，表演两名相扑力士角斗的模样。只穿裆兜漫步游街，经常能在人多的地方看到。

正月出门"初诣"的人
可是少数派

符合 条件者 ▷	商人	农民	武士	皇室	其他		符合年代 ▷	江户前期	江户中期	江户后期

✳ 新年参拜源自
江户时代的"惠方参拜"[1]

进入江户时代，庶民对旅行及参拜寺庙神社的狂热更上一层楼。只是，当时还未形成和如今一样的"新年参拜"习俗。事实上，如今日本人习以为常的新年参拜"初诣"，从明治时代才开始盛行，原本也只流行于东京等都市区，后来才逐渐普及日本各地。

那么，江户时代人们又是如何度过正月的呢？当时，普通民众都会和家人一起在家中迎接"岁德神"，并款待神明。

江户、京都、大阪以及名古屋等城市则不流行在家中迎接岁德神，而是在元旦当日前往寺庙神社参拜。

话虽如此，但有些住在城区以外的人，也会在正月初三后，前往寺庙或自家的家墓所在的寺庙参拜。新年参拜之所以像现在这样成为全国性的固定活动，铁路的发展发挥了很重要的作用。

铺设铁路后，前往川崎大社、成田山新胜寺、伊势神宫、太宰府天满宫等知名寺庙神社参拜变得更方便。由此，人们开始形成出门参拜寺庙神社的习惯，并且大部分人会在元旦这天进行新年参拜。

此外，这天早上一家之主有件非做不可的事。那就是在出门前换好衣服，前往自家水井。江户时代，水井是人们的"生命线"。新的一年，就要从挑一桶新水回家开始。这时取回家的水称为"若水"，一家之主将井水献给神佛，祈求一家整年平安。

此外，也有用若水泡茶喝的习俗。放入黑豆、昆布结、小梅子或山椒等代表好兆头的东西和调味品，泡成的茶叫作"大福茶"。有些地方，还有用若水煮年糕汤吃的风俗习惯。

---

1. 惠方是指掌管当年福德的岁德神所在的方位。

新 年 参 拝

江户时代的新年参拜习惯是不出远门！

江户庶民新年时期多半喜欢在家悠闲度过，为了去神社或寺庙参拜而出远门的人不多。

新年参拜

进入江户中期，江户、京都、大阪及名古屋等城市开始流行新年参拜。人们外出时，无论大人小孩都会换上体面的服装。交通方式基本上以徒步为主，不会去太远的寺庙神社参拜。

睡正月

为了迎接岁德神，很多人除夕晚上不睡觉。因此，元旦一整天都在补充睡眠的人有很多。

铁路的发展

正月前往寺庙神社进行新年参拜的模式，从铁路快速发展的明治时代才渐渐普及。如果是从前的惠方参拜，因为每年参拜方位不同，有些时候铁路公司就会赚不到参拜客的车钱，但是自从铁路发展起来后，仅往惠方参拜的习惯便渐渐被摒弃了。

百姓相信泡七草水、剪指甲就不会感冒

符合条件者 ▷	商人	农民	武士	皇室	其他		符合年代 ▷	江户前期	江户中期	江户后期

到了"人日节"人人都吃七草粥

水芹、荠菜、鼠曲草、繁缕、宝盖草、芜菁、萝卜，用这七种植物煮成的粥就是七草粥。据说吃七草粥的习惯源于室町时代。

一月七日的"人日节"是吃七草粥的日子。现代人或许不太熟悉这个节日，在江户时代，人日节、上巳节（三月三日）、端午节（五月五日）、七夕节（七月七日）及重阳节（九月九日）合称"五节句"，是江户幕府官方制定的"国定假日"。古代中国则有一日鸡、二日犬、三日猪、四日羊、五日牛、六日马的习俗，分别于该日占卜对应动物的吉凶，属于那一天的动物就不可宰杀。

如此顺着下来，一月七日是"人日"，这天除了不可处刑罪人，另一个习俗就是要吃加了七种蔬菜的羹汤。

这种习俗传到日本，配合春天摘采嫩菜野游的习俗，演变为在这天用七种具有生命力的蔬菜煮成粥吃，以此祛除邪气，祈求无病息灾的习惯。

人日节这天，江户城中将军以下的所有武士前一天晚上就要换上肩衣长袴，神情肃穆地在乐队伴奏下，面朝惠方吃七草粥，祈求无病息灾。

人日节结束后，日本的各大城市也卸下代表新年期间的"松之内"装饰，幕府从十一日起恢复正常工作运作。因此，这一天作为区隔之日，可以说意义重大。

附带一提，当时人们相信用泡过七草的水浸泡指甲，泡软再剪，往后一整年就不会感冒。人日节也就成了过完年第一次剪指甲的日子。

春之七草

吃七草粥就能来年不生病？！

一边祈求无病无灾一边吃七草粥，这个延续到现代的习惯正是有栽培春季嫩菜习惯的江户时期特有的节庆活动。

七草

烹调七草粥

吃七草粥原本是武士家的习俗，到了江户时代，一般庶民才跟着这么吃。此外，七草粥里不放满七种植物也无妨。

泡过七草的水

剪指甲

把手指和脚趾放进泡过七草的水盆中，等指甲泡软后再剪。人们相信这么一来，往后一年就不会感冒。

吃七草粥的武士家

吃七草粥的日子是官方制定的节假日，武士必须换上正式服装，一边祈求无病无灾，一边品尝七草粥。

春之七草

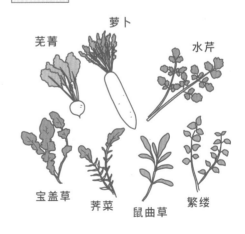

萝卜

芜菁

水芹

宝盖草

荠菜

鼠曲草

繁缕

15

供奉于甲胄前的年糕便是镜饼的起源

符合条件者 ▷	商人	农民	武士	皇室	其他		符合年代 ▷	江户前期	江户中期	江户后期

✤ 吃镜饼的习俗源于武士家的"具足开"

正月十一日，武士家会举行称为"具足开"的活动，后来才渐渐演变出吃镜饼的习俗。

所谓"具足开"，指的是武士家会在放置于壁龛的甲胄前供奉叠放起来的圆形年糕，并于正月十一日这天去掉饼上装饰，当晚煮成年糕汤来吃的习俗。这一活动原本称为"庆祝刃柄"[1]，是在正月二十日举行的，但因为第三代将军德川家光的忌日是二十日，后来才将具足开改成十一日。顺带一提，女性使用的镜子前也会供奉圆形年糕，称为"镜饼"。现在吃镜饼的习俗便由此而来。

从甲胄前撤下的年糕，在武士家会煮来请家臣吃。但因切年糕的动作令人联想到"切腹"，太不吉利于是改用木槌或用手将年糕捣成易于食用的大小，这个捣年糕的动作就称为"开"。

此外，"开"这个字也有"开展""拓展""开枝散叶"的意思，这一词也衍生为祈求家繁业茂的活动。不仅如此，将年糕煮成年糕汤分给家臣食用，也象征了家族团结的决心。

将年糕煮成年糕汤的做法，大约起源于19世纪中期的天保年间，煮制时也会加入红豆汤一起吃，这个习惯一直延续到现在。最初百姓在正月初四这天便撤下供桌上的年糕，并煮成红豆年糕汤来吃。但随着时代发展，普通人也模仿武士家的习惯，改在正月十一日撤下年糕，同样不用刀切，改用木槌捶制。

---

1. 日语中"刃柄"一词与"二十日"的读音相同。

镜 开

吃下带有"运气"与"力量"的镜饼

人们认为神明寄宿在镜饼中，要吃下去才有意义。因为"切"或"割"都不吉利，就改用"开"字来表现。

木槌

用木槌敲打年糕，敲成适合食用的大小。因为用刀切开会让人联想到"切腹"，绝对不能这么做，敲开的年糕可以煮成红豆年糕汤或咸年糕汤，也可以做成烤年糕来吃。

木槌

年糕

大福账

具足开

"镜开"的原型就是武士家的"具足开"。在壁龛内的甲胄前供奉年糕，正月十一日晚上煮成年糕汤吃。

新年开账

商人们开仓做生意的日子，也会启用全新的账簿，并有个吉利的名称"大福账"。到了现代，有些商家会在藏开这天举行特卖。

有望一获千金的"富签"是江户人的彩票

符合条件者 ▷	商人	农民	武士	皇室	其他		符合年代 ▷	江户前期	江户中期	江户后期

❋ 中奖就能得千金！江户时代的彩票"富签"

江户时代也有跟如今一样的彩票券，称为"富签"，开奖时用锥子去戳放在箱子里的木牌，被戳中的木牌号码即为中奖号码，因为使用这种方式开奖，所以富签也称为"富突"，有时也简称"富"。

富签起源于 16 世纪后期的摄津国箕面（今大阪府箕面市）的龙安寺。一开始是授予中签者护身符的活动，后于元禄至享保年间（1688—1736）盛行于江户。由于抽奖方式具有严重的赌博性质，曾被政府禁止多次。因为也可用选木牌号码的方式购买富签，市面上甚至出现利用八卦或梦境内容、时间等占卜中奖号码的书籍。尽管如此，若贩卖富签所得只限于用来修复寺庙神社，政府则允许发行贩卖，这种合法富签称为"御免富"。

对当时财政窘迫的幕府来说，给寺庙神社的援助资金成为一大负担。寺庙神社发行富签不但能筹措资金，还能将赌博行为限制在寺庙神社内，对政府而言堪称美事。站在寺庙神社的角度看能有效筹措修缮资金，只有好处没有坏处。

后来，虽在宽政改革时期曾一度禁止发行富签，但在其流行时期的文化至天保年间（1804—1844），光是江户一城，每月就有超过 30 个发行富签的地方。其中，谷中感应寺、汤岛天满宫与目黑泷泉寺更被称为"江户三富"，是热门的购买地点。

当时"三富"的最高中奖金额是一百两（约 40 万人民币）。普通住在长屋的庶民，往往连价值 1 两的"小判"钱币都没碰过，若能一举中奖一百两，那可真是一获千金，像做梦一样的好事。

同时，除了官方认可的"御免富"外，还有售价更便宜，对庶民而言更容易买到的非合法富签横行黑市，这种富签叫"影富"。

富签

江户人也怀抱成为亿万富翁的梦想

将写有号码的富签木牌放入箱子，再用锥子随机戳取，这种开奖方式在庶民间十分流行。不过，当时的富签价格比现在彩票还贵。

中奖签　　锥子

买富签的人

富签

一张富签价格从一分钱（约980元）到二朱钱（约520元）都有，换算成现在的货币价格都非常昂贵。另外，开奖的地点是江户城内各个神社。

富签

富签店

富签可在专门的富签店（彩票店）购买。贩卖者将富签立起来摆放，供购买者挑选。

影富

影富

影富流行于买不起富签的穷人之间。以当期开奖的富签号码为赌注，比真正的富签便宜，容易买到手。

古代的万圣节？！
二月初的稻荷神社庙会

符合条件者 ▷	商人	农民	武士	皇室	其他		符合年代 ▷	江户前期	江户中期	江户后期

一年一度，令江户城为之沸腾的"初午"

二月第一个"午日"[1]就称为"初午"，这天会在稻荷神社举行热闹的祭典。

初午是日本全国各地的稻荷神社举行祭典的日子，据说这个习俗始于神明降临稻荷神社总本山（京都伏见稻荷）的日子，也就是和铜四年（711）二月十一日，当天即是初午之日。

稻荷神是百姓为了祈求五谷丰收、福德满载而祭拜的农业之神。有一种说法是，稻荷两字意思原指"水稻生长"，后来稻荷神渐渐演变为保佑现世利益的商业之神，祭祀稻荷神的，也从农民演变为商人。到了江户时代，稻荷信仰成为社会上最普遍的信仰，日本全国设有超过数千间大大小小的稻荷神社，甚至有"江户最多的就是商人、稻荷神社和狗粪"的说法，意指走在路上到处都能看见稻荷神社。

江户的稻荷神社中，最有名的是王子稻荷神社，每到初午之日，这里就会举办"风筝市集"。因为据说风筝能阻隔助长火势的风，人们认为放风筝有防火的效果，在火灾频发的江户时代，风筝是百姓心目中的吉祥物。

除了贵族大名家、武士家与商人家，长屋内居住的百姓，也会将稻荷神视为屋敷神（守护家屋的神明）祭祀。因此，初午这天的祭典往往能带动整个城市的气氛，热闹非凡。尤其对小孩子来说，初午是一年当中最值得期待的祭典。

一到初午，孩子们会敲打太鼓，边喊着"募缘、募缘"，一边四处造访人家，一边化缘（领取香油钱、捐献金）。家中供奉有稻荷明神的大名宅邸，也会在初午这天对外开放，让孩子们入内游玩。

说到稻荷就让人想到狐狸，那时的江户有许多狐狸栖息，人们认为狐狸是稻荷明神的使者，所以十分崇敬狐狸，每到春天，还有将炸豆腐或丸子供奉给狐狸的习俗。

1.干支逢午的日子。

初 午

江户人最爱祭典活动了！

即使正月已过，江户人心中的祭典氛围依然火热。初午这天，人们会在稻荷神社举行盛大的祭典。

初午

王子稻荷神社、妻恋神社、鸟森稻荷神社等，都是吸引众多游客的稻荷神社。祭典上有街头艺人表演，也有不少摊贩。

手拍太鼓

大太鼓

吸引客人的道具，非卖品。

募缘 募缘

初午卖太鼓

稻荷祭典时会有商人叫卖太鼓，这称为"初午太鼓"或"手游太鼓"。对玩腻正月游戏的孩子来说，是很有吸引力的玩具。

募缘

手拿太鼓的孩子们会一边喊着"募缘"，一边挨家挨户游走，跟大人领取香油钱。和现代的万圣节有异曲同工之妙。

江户孩童的入学季在二月

符合条件者 ▷	商人	农民	武士	皇室	其他		符合年代 ▷	江户前期	江户中期	江户后期

6 岁开始进入寺子屋 学读写与珠算

江户时代，除非是真的很贫穷的家庭，一般家庭的小孩到了 6 岁，就会在那年二月起送入私塾（寺子屋）上学，学习读书写字和珠算。一个城镇通常有好几所寺子屋，每间寺子屋指导的学生大概 50 人。寺子屋上课的时间相当于现在的上午 8 点到下午 2 点，中午学生回家吃饭。每月 1 日、15 日、25 日和节假日期间放假。

前往寺子屋学习的小孩年龄有大有小，每个人的学习内容也不一样。基本上都是学读书写字，一开始先学"伊吕波歌"的读写假名，习惯之后就会让孩子们熟读"往来物（以书信方式介绍生活中实际知识的读物）"。

往来物的种类繁多，农民家的小孩会学习农作物栽培方法，商人家的孩子会学算盘的用法或记账方法，渔夫的孩子学习捕鱼方法，女孩子学裁缝，若拜托老师，则还能学习其他知识。

看"寺子屋"这一名称就可得知，这种私塾最早是请寺庙僧侣指导小孩读书，到了江户时代，演变为请附近有知识教养的人担任老师。农村地方多半请富农、僧侣以及神职人员当老师，城市地区则多半请浪人、商人或医师来指导孩子们读书。寺子屋也有不少女老师，大部分老师另外有正职，不光靠教书养活自己，在寺子屋当老师只是副业或义工。

寺子屋会带领孩子们在二月的初午这天煮红豆饭，到了三月花季就请他们吃樱花年糕，端午节则有柏树叶包好的带馅年糕可吃。到了年底的十二月，孩子们一起为教室大扫除，把学书法用的砚台洗干净后，大家一起喝甜酒酿。对孩子们来说，这都是开心的校园活动。

寺 子 屋 ①

江户文化支撑下的独特学校制度

孩子们一满6岁，就会到私塾学习。全盛时期光是江户就有400至500所寺子屋。

寺子屋

文化的繁荣与货币经济的发展，使"读书、写字、珠算"在进入江户时代后成为必备技能，也造成了寺子屋的数量激增。一所寺子屋能供几十个孩子上课。

入学

一般来说，孩子满6岁这年的初午前后将会进入寺子屋。入学之后，花四至五年的时间在这里学习。

惩罚

上课吵闹的孩子会被老师惩罚。惩罚内容有在教室角落罚站、捧着装满水的碗或手持长线香（以防孩子继续吵闹）等。

不仅教一般常识，还教专业知识

"往来物"就是孩子们的教科书。这些以书信方式呈现的教科书，充满了他们今后需要的各种专业知识。

商人

商人的孩子读的课本中，有数学，包括算盘使用方法等。

农民

稻米以及蔬菜的栽培对农民而言是不可或缺的知识，课本中记载有栽培时需要注意的地方和诀窍。

渔夫

渔夫的孩子会读记录有鱼类名称的图鉴和教授捕鱼方法的课本。

女孩子

缝纫是女孩子的工作，也是大部分江户女性必须掌握的技能。除缝纫外，课本中还会教她们基本的礼节规范。

寺子屋 ③

没有严格的校规，自由度高

寺子屋类似于如今的小学，只不过并非义务教育，授课的老师也不需要教师证。

我要开动了

上学

早上八点开始上课，不过没有类似如今课程表的东西。如果需要回家帮忙或其他事，随时都可以离开。

午餐

上午课程结束后，孩子们会先回家吃午餐。也有带便当来寺子屋吃的小孩。

我回来了

放学

下午两点放学后，孩子们便会陆续回家。此外，男生一般会读到十二三岁毕业，女生则读到十三四岁毕业。

富商　僧侣　神职人员　浪人武士

师傅

在寺子屋任教的老师被人们称作"师傅"，不需要教师证，只要对教学感兴趣，谁都能担任。寺子屋的老师中有许多是富商、僧侣、神职人员或浪人武士。

神社便是城镇的美术馆！
江户的巨大绘马

| 符合条件者 ▷ | 商人 | 农民 | 武士 | 皇室 | 其他 | | 符合年代 ▷ | 江户前期 | 江户中期 | 江户后期 |

写上对神佛的祈愿
江户时代流行供奉绘马

将写上疾病痊愈、生意兴隆、家宅平安等心愿的绘马供奉给神社。这个习俗的由来是古代人们供奉马匹给神社，供神明骑乘。这些马匹称为神马，由神社饲养。

到了平安时代，从供奉活马转变为在木板上描绘马匹图案，其中最受欢迎的图案是灵气十足的白马。

一开始只是在木板上画马，后来一些画家或家境富裕的人也会在木板上画讨吉利的物品或具有历史性的图案，并将这些木板供奉给神社。其中也有与马无关，单纯画上巨幅图案的额板。而现代绘马即使没有画上马的图案，仍然称为"绘马"。

江户时代，百姓间流行在神社供奉画有誓言或愿望的小型绘马，作为祈愿的证明。后来又出现四处兜售绘马的小贩，绘马也就渐渐固定成为祈愿时的供奉品。因此，绘马的图案渐渐多样化，比方说画猿猴的代表庚申信仰，画鸡的代表荒神信仰，画富士山的代表浅间信仰，画菅原道真的代表天神信仰等。

二月初午将近时，许多人都会到稻荷神社供奉画有狐狸的绘马，发展到后来，祈求斩断男女缘分时，就会供奉画有男女背对背图案的绘马，想戒酒的人，就供奉画着酒瓶上锁图案的绘马。人们将这些绘马挂在神社内的树枝上或大堂栏杆上供奉、祈愿。

江户时代的人们甚至会在路边凉亭的栏杆上挂绘马，祈求各种愿望。对江户时代的百姓而言，向神佛祈愿时，绘马是不可或缺的物件。

绘　马

供奉绘马始于江户时代

现在神社常见的绘马从江户时代开始流行。尤其稻荷神社举行祭典的初午，供奉绘马的人特别多。

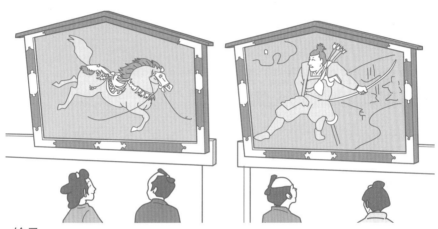

绘马

现代的绘马尺寸不大，江户时代的绘马却是用鲜艳的色彩画在巨大木板上，有时也用来当作神社大殿的装饰。除了神社外，也有寺庙以绘马作装饰。

绘马商贩

到处叫卖绘马的小贩，卖的是和如今尺寸相同的绘马。

活动

江户时代开始在绘马上写愿望

在绘马上写"生意兴隆""家宅平安"等愿望的习惯始于江户时代。不过，到了明治时代之后才普及开来。

纸质的女儿节人偶
逐渐变得复杂华丽

符合 条件者 ▷	商人	农民	武士	皇室	其他		符合年代 ▷	江户前期	江户中期	江户后期

✿ 江户女儿节的盛大庆典
流行豪华、大型的人偶

女儿节原本称为"上巳节"，这一天百姓会将人偶放入河中，顺水流流走，后来配合贵族女孩之间常玩的"人偶"，演变成现在的庆典形式。

上巳节刚从中国传到日本时，节日的过法和中国一样，先以水清洁口腔与手脚，将邪气转移到纸做的人偶身上，再把人偶放进海水或河中流走。这种习俗又称为"流难"，现在日本有些地方还会举行这种仪式。

现代女儿节用来装饰的人偶，是从古代贵族女儿的"人偶玩具"进化而来，造型上模仿宫中宴会的打扮，让人偶穿上贵族风的衣服。

到了室町时代，除了用来放入河中的纸人偶外，也开始制作观赏用的人偶。这时的人偶多为站姿，直到江户时代宽永年间（1624—1644），才发展出如今常见的坐姿人偶。

后来，为了在人偶端坐的台座上摆放更多装饰，道具不只衍生出阶梯形的台座，还让人偶穿上用金缕布或锦缎做的衣服，人偶的设计日渐绚丽豪华，配套道具也越来越多。

到了天保年间（1830—1844），日本桥一带成立专卖人偶的集市，路边甚至建造了临时的人偶屋，规模空前。因为人偶实在太过奢华，幕府还曾颁布禁止令，只是没有太大效果。

在江户城中，每到上巳节的前一天，各大名诸侯就会收到御三家[1]寄来的赠礼，并在节日当天换上长袴装上朝，参见将军及住在二之丸的将军继承人。后来，将军也会赠送人偶给御台所（江户时代对幕府将军夫人的尊称）及公主们。

---

1. 拥有征夷大将军继承权的德川家三支旁系，分别为尾张德川家、纪州德川家以及水户德川家。

女儿节①

江户庶民发展出专为女儿庆祝的祭典

"女儿节"原本是贵族或武士家庆祝桃花盛开的节日，到了江户时代，成为百姓庆祝家中女儿成长的庆典活动。

雪洞灯　屏风

菱形年糕

陈列台

从旧历三月一日到三日都是上巳节，也就是女儿节。江户时代，有女儿的家庭习惯为女儿庆祝，会在室内架设陈列台并摆放人偶作为装饰。起初装饰的是纸人偶，后来渐渐演变为豪华的女儿节人偶。

纸制，可以站立

纸人偶

纸制的男女成对人偶。原本是在叫作"形代"的驱邪仪式上使用的道具。

流人偶

把霉运转移到纸做的人偶身上，放入水中漂流净化的节庆活动。

普及于庶民间，形成一大商机

女儿节祭典逐渐普及，形成一大商机。每年这一时期，江户街头满是外出购买人偶的人。

丰岛屋

酒行丰岛屋外满是排队买白酒的人。甚至有人提前一天前来排队。据说那时连德川家康都很喜欢丰岛屋酿的白酒。

卖白酒的小摊

白酒在庶民间大受欢迎，形成风潮后，街头也会出现一些卖白酒的小贩。

菱形年糕

如今的菱形年糕多半是粉色、白色、绿色的三色搭配。但在江户时代人们更喜欢白色、蓝色再加白色的配色。

女儿节③

美轮美奂的华丽道具相继产生！

从江户时代开始与人偶展示有关的装饰与道具逐渐出现，甚至还有针对人偶摆放位置的规定。

睦月

如月

弥生

雪洞灯
室内照明用的灯笼。

箪笥
用来收纳人偶服饰或装饰品的家具。

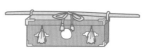

长持
需要两人前后各担一边的大型衣物收纳箱。

铗箱
外出时由随从搬运的工具箱。

火盆
烧炭取暖用具。

驾笼
供人乘坐的轿子。

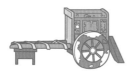

牛车
移动搬运人偶时搭载的牛拉车。

重箱
涂漆餐具。

活动

人偶道具就是"嫁妆"

陈列台上与人偶摆放在一起的道具，仿造的是大名诸侯家女子出嫁时的嫁妆。在工匠的技艺比拼下，装饰道具制作得越来越豪华。最后，陈列台上用来装饰人偶的道具成了新娘真正的嫁妆。带着人偶出嫁的女性，每当看到人偶便会想起自己的娘家吧。

甚至有人玩角色秀！
江户人最爱的赏花大会

符合 条件者 ▷	商人	农民	武士	皇室	其他		符合年代 ▷	江户前期	江户中期	江户后期

 ## 上野的赏花时间只到傍晚六点，宽永寺则禁止赏夜樱

现代人提到赏花，一般最先想到的都是赏樱花。但江户时代，其实梅花比樱花更受民众喜爱。现在日本超过 300 个品种的梅花，据说几乎都是江户时代栽种、改良出来的。

当时知名的赏梅胜地有龟户的梅屋敷（今江东区）、汤岛天神（今文京区）还有被称为"新梅屋敷"的向岛百花园（今墨田区）。其中，龟户的梅屋敷的"卧龙梅"，在专门记载四季名花的《江户名胜花历》中也有所描写，这里的梅花在当时备受赏花民众瞩目。"卧龙"指的是龙躺卧的模样，意指花谢之后梅树姿态宛如一条卧龙，可见欣赏气派的枝干也是赏梅的乐趣之一。

说到赏樱，则有"江户三大樱"，分别是白山神社（今文京区）的旗樱、金王八幡宫（今涩谷区）的金王樱以及圆照寺（今新宿区）的右卫门樱。此外，富冈八幡宫（今江东区）的歌仙樱也很有名。这些樱树虽不是"神木"但因为历史悠久，也成了民众赏樱的重点。当时的人赏樱，欣赏的不是众多樱树一起绽放的盛况，反而偏向仔细鉴赏单棵树上的花朵。

像现在这样聚集在盛开的樱花树下喝酒享乐的赏花习惯，则是始于享保年间（1716—1736）。当时人们喜欢和同事或同住的邻居前往赏花名胜，坐在树下饮酒乐舞，借此扫除平日的烦忧。

那时最具代表性的赏樱胜地有上野山（今台东区）、飞鸟山（今北区）、御殿山（今品川区）、隅田堤（今台东区、墨田区）等。这些地方直至今日仍是广受欢迎的知名赏樱景点，其中上野山是第三代将军德川家光模仿奈良的吉野山，特地在上野宽永寺植下樱树栽培，比其他地区更早形成。话虽如此，由于宽永寺是德川家的菩提寺[1]，为保持寺院内的清静，禁止在寺院内嬉戏打闹或在夜间入内赏樱。

1.供奉有德川家祖先牌位的佛寺。

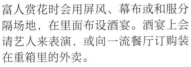

边赏花边品酒的庶民文化兴起

赏花 ①

赏花最初仅是流行于贵族或武士阶层的活动，到了江户时代才逐渐在庶民阶层中普及，演变成与亲朋好友相约樱花树下赏花宴饮的活动。

睦月

富人的赏花活动

富人赏花时会用屏风、幕布或和服分隔场地，在里面布设酒宴。酒宴上会请艺人来表演，或向一流餐厅订购装在重箱里的外卖。

如月

和服

弥生

重箱

眼罩小贩

眼罩

眼罩小贩

小贩向赏花的游客兜售称为"目鬘"的变装眼罩。颇有些化妆出游的味道。

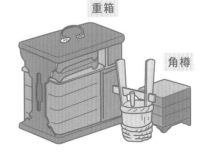

重箱

角樽

"重箱"是用来装饭菜的漆器，"角樽"是盛酒的容器，两者都是在节庆时才用的东西，也会出现在富人赏花的酒宴上。

赏花 ②	广植樱花树是幕府的政策之一
	进入江户中期，在幕府政策的指导下设立了多个赏樱名胜。 据说当时光在飞鸟山就种下了一千多棵樱花树。

飞鸟山石碑

在赏樱胜地飞鸟山有一块石碑，是知名景点。石碑上刻的是不易解读的汉文，以"看不懂的石碑"闻名。这块石碑如今依然能看到。

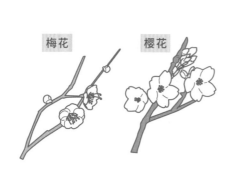

德川幕府第八代将军德川吉宗推广种植樱花树，促使赏樱逐渐在庶民阶层中普及。在那以前，说到赏花，日本人大多赏的是梅花。

樱花馅的年糕

在隅田川沿岸长命寺一带（今墨田区）售卖的樱花馅的年糕深受游客的喜爱。如今该地区仍有销售。

赏花 ③	**有些地方设有严格的赏花限制**

有的赏花地点允许游客喧哗，也有地方严禁吵闹。因此在管理宽松的地方产生了很多娱乐活动。

请回吧!

宽永寺赏花

宽永寺是德川家的菩提寺，严禁赏花的游客在此举办酒宴，此外还设有"18点后禁止入内"的严格规定。如今东京的上野公园曾经都在宽永寺的范围内。

赏花游客

为了消解生活的辛苦，江户人喜欢在赏花时歌舞饮酒。也有人会做好外出住宿一晚的准备。

丢瓷器

酒席上流行的一种娱乐项目之一，拿没有印花的陶器丢着玩，据说有除灾的寓意。

一尾抵万金！江户人对"初鲣"异乎寻常的喜爱

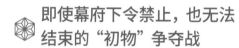

符合条件者 ▷ | 商人 | 农民 | 武士 | 皇室 | 其他

符合年代 ▷ | 江户前期 | 江户中期 | 江户后期

❋ 即使幕府下令禁止，也无法结束的"初物"争夺战

江户时代盛传"吃初物可多活75天"的说法。所谓"初物"指的是第一批上市的当季农作物或海鲜。在当时人们的观念中，吃了这些"初物"就能获得新的生命力。

其中江户人最热衷的就是购买当季捕捞、第一批上市的鲣鱼即"初鲣"。鲣鱼虽然是市场价低廉的海产，但镰仓时代之后，由于"鲣"与"胜男"[1]在日语发音中同音，成为武士偏爱的食物，人们开始吃鲣鱼寻求好兆头，鲣鱼也成为受到重视的食物。

鲣鱼是一种洄游鱼类，每年四月前后游到东京湾，吃鲣鱼的当令季节原本应是夏秋。然而，性急的江户人把从伊豆捕捞的鲣鱼运送到江户城来，先供应江户城后，民间的初鲣争夺战就此展开。

初鲣一条价格为一至三两，换算成现在的货币为10万~30万日元（人民币5 000元至15 000元）。只要忍耐一下，等到当令季节再吃，价格就会下滑很多，但即使如此，仍有很多人宁可典当、变卖家当也要买昂贵的初鲣吃。

姑且不提大商行老板等有钱人，初鲣对庶民而言仍是高攀不起的食物。一般人多半只能等价格滑落后，和亲友一起买来分食。不过，这种即使打肿脸充胖子也要吃初鲣的现象，只能说是江户人的执念。

除了初鲣，新鲜香菇、梨子、蜜柑、茄子等作物，江户人也都坚持要吃第一批上市的"初物"。吃初物是江户时代的风潮，每个人都想炫耀自己"已经吃过了"，不惜重金也要买来吃。

说来有趣，由于对初物的热情导致物价高涨，贞享三年（1686）幕府不得不颁布"初物禁止令"。

---

1. 日语中"鲣"与"胜男"两词发音同为 katsuo。

初 鲣

为了沉浸在优越感中，花大钱也在所不惜！

能比别人更早吃到鲣鱼，对江户人来说是最值得自豪的事。
每年初春，江户人都会展开初鲣争夺战。

鱼贩　　初鲣

日本桥的初鲣

日本桥有鱼市，每到这个季节，就能看见将鲣鱼放在大木盆里贩卖的小贩。夏季与秋季的鲣鱼最好，江户人特别喜欢吃夏天的鲣鱼。吃法是做成生鱼片，蘸辣椒味噌酱吃。

歌舞伎演员

第三代歌舞伎演员，歌右卫门最广为人知的故事，就是曾花三两买初鲣。换算成现在的货币相当于 30 万日元。不过他也从此打响知名度，将这当成宣传费或许还算便宜。

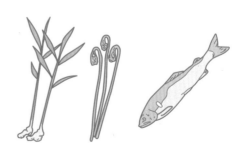

当季食材

除了鲣鱼，这个季节的时令食材还有嫩生姜、蕨菜、鲇鱼等。虽然无法与初鲣媲美，但江户人还是很愿意花大价钱买这些当季食材来吃。

以参拜神社为由，行玩乐之事，这便是江户的做派

符合条件者 ▷	商人	农民	武士	皇室	其他		符合年代 ▷	江户前期	江户中期	江户后期

江户首屈一指的游乐场：浅草奥山

江户时代的百姓比现代人对宗教的信仰更虔诚，参拜寺庙神社已经渗透到江户人的日常里。尤其在每年春季是当年最初的"开龛"，往往能吸引大批游客。开龛指的是普通民众公开参观平常见不到的：寺庙神社珍藏的宝物。

开龛有两种类型，一种是在本寺院内开启佛龛的"居开帐"，另一种是将佛龛移至其他地方供人参拜的"出开帐"。出开帐在日本各地都有，人口密度高的江户尤其多。

其中最有名的是浅草寺、回向院和深川八幡神宫。这些寺庙神社周围都是闹市。浅草更是其中数一数二的观光区，浅草寺内茶屋林立，吸引了不少参拜者上门消费。尤其是位于观音堂西北侧的区域，这一带称为"奥山"，是当时娱乐场所聚集的区域。许多人前往浅草寺参拜，不只是因为信仰虔诚，去奥山等地玩乐也是其目的之一。

浅草观音寺在江户时代留下超过30次的开龛记录。每逢开龛日，参拜者都会比平常多。奥山有茶屋和提供食物的摊贩，也有卖"牙签和洁牙用具"的"牙签屋"。此外，街头表演艺人也会来此卖艺。还常能看到表演杂耍、小型戏剧、魔术秀或展示珍禽异兽的"见世物小屋"，吸引众多人前来参拜。

对邻居说自己"出门玩乐"总觉得哪里不妥，可是只要说是"出门参拜"，人人都可光明正大外出游玩，江户的人们就是这样打着参拜的旗号，外出游玩，只要事后买份护身符或灵符回来当证明就好。

除此之外，寺庙神社通常视野良好，大多是赏花或赏红叶的好地方，因此也成为深受民众喜爱的休闲场所。

开龛

江户人真的那么喜欢寺庙神社！？

开龛就是寺庙神社公开平常看不到的佛像，供人们参拜。聚集而来的人，不是基于好奇心，就是想出门游玩顺路造访。

参观开龛
根据安永七年（1778）回向院的开龛记录，以当时江户城大约 100 万的人口计算，出门前往参观开龛的人， 60 天内吸引了 163 万人次造访。

模仿艺人"猫八"
街头艺人也会配合开龛日期举行演出。"猫八"是专门模仿猫叫或鸟叫声的街头艺人，特别受游客欢迎。

装满水的水桶

"齿力"
齿力是指牙齿异常坚固的街头艺人，也很受游客喜欢。他们会在木板两端放置装满水的水桶，再用牙齿咬住木板，在群众面前走来走去，借此获取赏钱。

找到鲍鱼便欣喜若狂！
全家出动的赶海

符合条件者	▷	商人	农民	武士	皇室	其他		符合年代	▷	江户前期	江户中期	江户后期

江户两大户外休闲活动 —— 赏花与赶海

赶海可追溯至江户时代，宽永年间（1624—1644）完成的《江户名所图屏风》上，就绘制有人们赶海的景象。

从旧历三月底起，潮汐进入涨退落差最大的"大潮"时期，秋天虽然也有大潮，不过白天就退潮的只限春天。每到这个季节，从深川口到品川、高轮、佃等地区，以及大井、羽田附近的沙滩上，都能看到全家出动挖蛤蜊的民众。不只普通民众，武士也很享受赶海的乐趣。

现代人准备赶海时的标准装备是长袖上衣配五分短裤，再套上橡胶雨靴，头戴帽子。当时的人则是在头上绑手帕、打赤脚，男人几乎都穿往上反折到屁股的兜裆布，女人则连和服衬裙都翻起来，扎在腰带内。挖掘使用的工具是耙子，再带上用来放战利品的笼子，在泥摊或浅滩上捡拾贝类。

根据介绍江户时代全年节庆活动的《东都岁时记》记载，早上搭船出海，卯刻（早上6点）过后开始退潮，午刻（正午时分）原本是海的地方已变成陆地。赶海就从这时开始。花一天时间找寻浅蜊、蛤蜊、竹蛏、马珂蛤、蝶螺，据说有时还能挖到鲍鱼。

《东都岁时记》里还能看到对人们从沙中找到比目鱼或小鱼，举行宴会的描述。大概是因为有时也能从浅滩捕到鱼蟹，便当场烹调来吃，就这么和家人朋友就地摆起了酒宴。在钓船或屋形船上喝酒助兴，有时候老板们还会请艺伎上船表演。

回到家后，自家人吃不完的战利品就分给附近邻居共享，顺便炫耀"今天去赶海，玩得很开心呢"。

赶海

大退潮的春季是最适合挖贝的季节

春光明媚，在适合外出的季节，江户人不只会去赏花，前往海边挖贝的休闲旅程也很受江户人欢迎。

赶海

除了庶民，武士阶层也很享受赶海的乐趣。此外，有钱人会租钓船或屋形船出海，刚捕获的鱼贝类直接就在船头烹调，摆起酒宴。

战利品

赶海的战利品包括浅蜊、蛤蜊与蝶螺。运气好时还能挖到鲍鱼。另外，小孩子最开心的就是找到小螃蟹。

耙子

赶海挖贝时使用的工具叫耙手。常常有人太专注挖贝，没注意到涨潮，只好急急忙忙向船夫求救。

古今对比 江户时代

对于如今的日本人来说，4月也许才象征着春天的到来，但江户时代的春季则从旧历睦月开始。

江户时代	主要节庆与活动

旧历

春季
旧历一月

睦 月

迎接岁神的
重要月份

初荷
旧历正月初一是节假日，商店在第二天才开门营业。这天，街上满是装载"初荷"（新年的第一批货物）的拖车和上门购物的客人，一派车水马龙的景象。

人日
旧历一月七日早上，人们会吃七草粥以祈求一年无灾无病。这天也是新年第一次剪指甲的日子。

春季
旧历二月

如 月

在初午稻荷祭上
祈求开运来福

稻荷祭
江户有许多保佑商业繁荣发展的稻荷神社，旧历二月的第一个午日是举行稻荷祭的日子。在王子稻荷神社还会有风筝集市，江户人认为放风筝能避除火灾。

寺子屋入学
儿童6岁入学，不过不须经过考试。大部分人都在初午这天入学。

春季
旧历三月

弥 生

欣赏桃花与樱花的
赏花祭到来

上巳祭
"五节句（一年中的五大节日）"之一的"桃之节句"，又被称为"偶人节""女儿节"。在江户时代便已经出现多达八层、装饰华丽的人偶。

赏花
樱花开放，人们纷纷聚集在上野、隅田川两岸、飞鸟山、御殿山等赏樱胜地。

活动日历

试着比较江户时代和现代的节庆活动吧。

春季 篇

现代	比较与考察

冬季 1月
1月的成人礼
始于昭和时代

如今的1月也代表着辞旧迎新的意味。与江户时代最大的不同在于，江户时代虽然也会有成人礼，但举办时间和对成人年龄的定义都跟现代有所不同。

新历

冬季 2月
节分撒豆
消灭鬼怪

现代的节分为立春前一天（2月3日左右），"撒豆子"是固定的节日活动。这一习俗在江户时代就已形成，只不过当时这一节日被视为年底的活动，为的是在正月来临前除灾。

春季 3月
从明治时代起
将3月视为年度
尾声

在现代日本，一个年度的尾声是3月底毕业季。但江户时代的寺子屋则没有毕业制度。学生一般在寺子屋学习四至五年，读书写字后便不再上学，一些学习内容也因人而异。

浮世绘中令人意想不到的题材

葛饰北斋与喜多川歌麿等知名画家也画过"春画"

春画在日语中又称为"枕绘"。江户时代，随着版画技术的发展迎来全盛期，连葛饰北斋、喜多川歌麿以及哥川国芳等知名浮世绘画师都以化名绘制春画。

17世纪初，明朝末年的中国，春宫画广泛流传，随着两国贸易往来，春宫画也在这一时期传到了日本。与明代的春宫画相比，为了迎合庶民阶层的趣味，画家们将"浮世绘春画"主题更多地聚焦在生活琐碎的细节中，将多个人物组合的画面，拆分为单独的美人图，将中国画中刚劲的线条变为柔和纤细的线条，有些画面内容十分夸张，甚至富有幽默感。

第二章

夏季的活动

旧历 ▷ 四月—六月

新历 ▷ 6月—8月

旧历四月初便是立夏。在没有空调、电风扇等电器的江户时代，人们是如何度过炎炎夏日的呢？本章将详细介绍江户人的夏季生活。

江户时代的"衣物换季"就是改变衣物厚度

符合条件者 ▷	商人	农民	武士	皇室	其他

符合年代 ▷	江户前期	江户中期	江户后期

✦ 江户女子都会学习"裁缝"！

衣物换季的习惯起源来自中国古代宫廷，约于平安时代传到日本，在江户时代成为惯例，人们普遍习惯从旧历九月九日到来年三月底穿填了棉花的和服，四月一日到五月四日，以及八月一日到九日之间穿有内衬的和服，五月五日到八月穿一件单衣。九月一日至来年三月底还会穿上厚袜子御寒。

到了现代，穿和服依然留有浓厚的换季习俗。大致上来说，五月末到十月初穿带内衬的和服，六月与九月穿单衣，七月到八月穿单薄的衣服。有一部分和服爱好者把这些规定看得很重要。

江户时代，因为布料价格高昂，人们十分爱惜衣物。庶民会把衣服穿到布料磨破才换新衣，即使换季，也不是像现在这样把夏天的衣服收起来，换上冬季的衣服。有时还会在换季时为单衣缝上里衬，到了更冷的季节再缝入棉花，像这样改变同一件衣服的厚度。

换季时除了改变衣物的厚度，有时也会修补衣物或修改尺寸。这些针线活主要由女性负责。江户时代新娘结婚前，学习缝纫技术是不可或缺的事。

那么，单身男性又该如何是好呢。手巧的人会自己动手缝纫，不会缝纫的可以拜托认识的女性帮忙。另外，只要愿意付钱，也能找到帮忙清洗、拆解或缝补修改衣物的人。

对当时的庶民来说，买衣服只有一种选择，那就是买二手衣。买得起新衣的都是上级武士或富商，普通人想都不用想。二手衣的回收与重售，是二手衣店（古着屋）批发业者与当铺之间流通的一套系统化生意，在不浪费布料与衣物的前提下满足民众对衣物的要求。

衣物换季

拿掉冬衣里的棉花是一项大工程！

随着气温回升，江户庶民的衣服也需要换季了。当时衣服是贵重物品，必须谨慎对待。

晾衣竿

布料

晾衣板
拆洗衣物专用的板子，于明治之后普及。

为衣物换季是当时女性的工作

因为布料昂贵，很多人往往只有一套衣服。夏天为衣物换季时，就要把铺在两层布料间的棉花拿出来，清洗后缝补缺口，在江户时代这项工作由家中的女性负责。

修改衣物

单身男性会拜托女性帮忙清洗衣物或缝补、修改衣物。江户时代有很多专门从事这项工作的女性。

夏服

庶民衣物的布料，基本上都是木棉布。

冬服

冬天不是叠穿好几件衣服，就是在两层布料中填充棉花，以此抵御寒冷。大部分的冬服都是用夏服、二手衣重制而成。

<table>
<tr><td>五月
（皋月）</td><td rowspan="2">**男孩节的鲤鱼旗，
一根旗杆上只挂一面旗**</td></tr>
</table>

符合 条件者 ▷	商人	农民	武士	皇室	其他

符合年代 ▷	江户前期	江户中期	江户后期

随风飘扬的鲤鱼旗是为了
庆祝将军嫡子的诞生

男孩节是五节句之一，也称为"菖蒲节"，承袭自中国的端午节，但节庆内容与形式发生了很大变化。原本是指旧历五月里第一个午日，后来演变为在五月五日庆祝这个节日。奈良时代、平安时代，在节日期间会拿有除魔寓意的菖蒲或艾草插在屋檐上祈求身体健康，或是吊挂用菖蒲叶做成的彩球。渐渐地，随着武士阶级的兴起，到了镰仓时代，因为菖蒲一词的读音与"尚武（崇尚武家之意）"相同，庆祝端午节也就成了武家的例行之事。而庶民阶级，一般以洗菖蒲澡或喝菖蒲酒的方式庆祝。

江户时代，男孩节依然是重要的节日，被制定为幕府的"式日"[1]。贵族大名或旗本武士[2]会在这天献上粽子，向将军表达庆祝之意，再穿上被称为"帷子"的轻薄单衣，前往江户城上朝。五月五日亦适逢夏服换季的日子，武士们穿来进城的单衣"帷子"就是夏季服饰。

江户后期，和如今男孩节庆祝内容相近的节庆形式才逐渐形成。最初是为了庆祝将军嫡子的诞生，会特地定做几面旗帜，和另外制作的兜（日本古代的头盔）及薙刀等物品一起陈列庆祝。这种武士习俗进入民间后，男孩节在庶民间也成为祈求家中男孩健康成长的节日。

五月五日这天，从战国时代到江户初期，武家都会举行骑马射箭等活动。在武士阶级中，就连小孩也会拿起名为"菖蒲太刀"的木刀插在腰间，或玩一种叫"印地打"（互丢小石子头）的游戏。后来这种游戏因为太危险而被禁止，改用菖蒲叶编成的棒子敲打地面，比谁打出的声音比较大，这种游戏叫作"菖蒲打"。

现代男孩节常见的鲤鱼旗，从江户时代中期才开始出现。不过，像现在这样在一根杆子上绑多幅鲤鱼旗的做法，是明治时代之后才有的习惯。江户时代一根杆子上只会挂一面鲤鱼旗。

1. 举行仪式或节庆的日子。
2. 幕府将军的直属家臣。

男孩节

庆祝男孩成长的节日

男孩节最早是举行除魔仪式的节日。平安时代从贵族阶级传至武士阶级，再于江户中期普及庶民阶级。

卯月

鲤鱼旗

如今常见的一根杆子上挂多幅鲤鱼旗的做法其实是明治时代以后才出现的。江户时代一般只在杆子上挂一面巨大的鲤鱼旗或挂上画有家徽的旗帜。

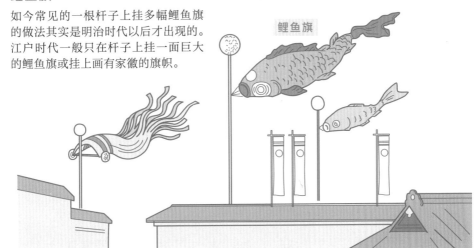

鲤鱼旗

皋月

水无月

菖蒲浴

菖蒲

菖蒲散发着强烈的香气，人们相信菖蒲具有祛除毒气的作用，于是用菖蒲泡澡，或是加入酒中饮用，也会拿来插在屋顶上。

出世鱼

端午节这天，除了吃有"出世鱼"之称的鰤鱼，也习惯吃与"胜男"同音的鲣鱼，祈求好兆头。江户的市街上随处都能看到贩售的小摊。

装饰人偶

江户初期装饰的是纸偶，到了江户末期，开始有工匠竞相制造精美豪华的人偶摆饰。

49

江户时代的画舫
如房子一般大

金碧辉煌的大型船，画舫与猪牙船往来水上

庆长年（1596—1615）之后，伴随着江户市街的发展，行舟玩乐也渐渐普及。不同季节有不同的玩法，可在船上赏花、傍晚纳凉或赏月、赏雪等。

后来，到了万治二年（1659），两国桥搭起后，附近成为行舟游乐的圣地，船员旅馆以及画舫到今天还能看见。江户时代的画舫比如今的还要豪华，有些巨大的画舫，一艘就跟整栋房子一样大。尤其是万治到宽文年间（1658—1673）建造了许多巨大的画舫，人们习惯在船上举行宴会，饮酒作乐。

搭乘豪华画舫的多半是武士、富商与游女。当时的隅田川及浅草川上，每天都有好几艘画舫驶过。旁边还有舞台船并行，上面有人歌舞、演奏乐器，可以坐在自己的船上一边吃喝一边欣赏。

那时的乘船费，若搭乘的是配有一名船夫的船，就收一人三百文钱，如果是配有两名船夫的船，则一人收四百文钱。一般市民也能搭船乘凉，享受河风吹拂的惬意。

"船宿"指的不是住宿设施，而是船只停靠的地方。船宿老板拥有纳凉船等船只，供民众租来举行宴会或休憩纳凉。文化年间（1804—1818），江户差不多有600间船宿，可见江户人多爱搭船游乐。

还有一种比画舫小的"猪牙船"，在乘船时很方便调换方向。大河剧中常能看见的没有屋顶的小型河舟，一般便是"猪牙船"。这种小舟形状细长，有着尖尖的船头，只能供一到二位船客搭乘。对许多想偷偷前往吉原或深川的人来说，搭乘猪牙船是很方便的选择。

开 川

夏日纳凉的一大活动！

每到夏天，隅田川会举行纳凉祭典"开川"，围观的群众往往在两岸筑起人墙，河面上万艘船舟，盛况空前。

卯月

皐月

水无月

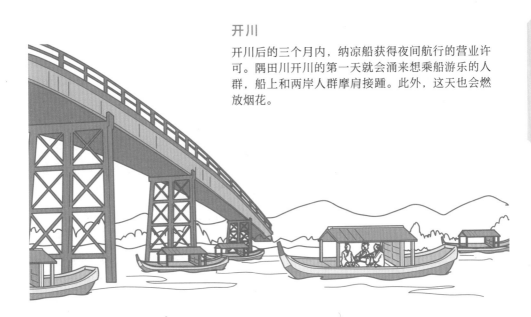

开川

开川后的三个月内，纳凉船获得夜间航行的营业许可。隅田川开川的第一天就会涌来想乘船游乐的人群，船上和两岸人群摩肩接踵。此外，这天也会燃放烟花。

船夫

画舫

有钱人搭乘画舫游乐，其中也有船夫多达 18 人、设置 9 个包间的超大型画舫。

猪牙船

当时的江户水上交通发达，堪称水都。猪牙船移动方便，对庶民来说就像现代的出租车。

没有高层建筑的江户城内，远方的烟火也清晰可见

符合 条件者 ▷	商人	农民	武士	皇室	其他		符合年代 ▷	江户前期	江户中期	江户后期

庶民站在桥上或河岸边欣赏烟火

隅田川烟火大会，是日本历史最悠久的烟火大会，起源于江户时代。包括歌川广重的《名所江户百景 两国花火》与歌川丰国的《江户自慢三十六兴 两国大花火》[1]在内，隅田川烟火大会成为许多浮世绘的题材，其中歌川广重留下了最多描绘烟火大会的作品。江户时代，火灾是人们最害怕的灾害，因此禁止在城内燃放烟火。唯一被允许燃放烟火的地方，就是隅田川岸边。

旧历五月二十八日是隅田川的开川日，从这天起，到八月二十八日为止的三个月，纳凉船获准在夜间航行。大约从享保十年（1725）起，会在开川首日燃放盛大的烟火，据说这就是烟火大会的起源。

此外，另一个起源的说法，是由于享保十七年（1732）发生的"享保大饥荒"，德川幕府第八代将军德川吉宗为了祛除饥荒与传染病的灾厄，也为了超度饥荒中的死者，举办了名为"水神祭"的祭典，并燃放烟火纪念。

即使是居住在长屋，与搭船玩乐无缘的普通民众，也能在开川时站在岸边或桥上欣赏烟火。除了来看烟火的民众外，还有许多小贩看准人潮前来摆摊，加上两岸的茶屋，热闹非凡。据说，那时两国桥附近最为热闹。

开川后，一年大概会举行三次烟火大会。话虽如此，江户时代并非年年举行烟火大会。根据描写江户风俗的《守贞漫稿》记载，"如未举行烟火之夜，应游客之需，支付金一分以上并予燃放"。拥有纳凉船的河岸船宿与两国一带的饮食店为了吸引顾客，也会应需要自费燃放烟火。

另外，某些经济实力雄厚的商人还会竞相购买烟火燃放。

---

1. 两国指位于隅田川两岸的旧时关东八国之二，即武藏国和下总国。

烟火大会

现代人也很熟悉的隅田川烟火大会

说到夏天，就让人想起夜空中绽放的巨大烟火。放烟火可是江户时代开川首日的一大活动。

看烟火的平民

玉屋

键屋

烟火

在没有高楼的江户城里，朝隅田川方向望去，一眼就能看见天上的烟火。此外，当时的烟火主要由"玉屋"和"键屋"两大烟火商制作并销售，江户庶民在烟火发射上天空时，会大喊"玉屋"或"键屋"以表达支持。

江户商人

经济实力雄厚的人，宛如竞争般争相向烟火商订购烟火，也有人为了取悦一同出游的艺伎而买烟火。

活动

讨厌烟火的艺伎们

据说位于如今东京都台东区的游郭"柳桥"的众艺伎们最讨厌隅田川的烟火，因为烟火大会吸引了游客，害她们这整天生意不好。

<table>
<tr><td rowspan="2">五月
（皋月）</td><td rowspan="2">土用丑日，要吃开头发音
为"wu"的食物</td></tr>
</table>

符合 条件者 ▷	商人	农民	武士	皇室	其他		符合年代 ▷	江户前期	江户中期	江户后期

 ## 从"土用干"到"土用年糕"
夏天有许多"土用习俗"

土用是"杂节"（二十四节气之外，在日本历法中表示季节的日子），在立春、立夏、立秋、立冬前的十八日都称为"土用日"，泛指季节交替之际的混沌时期。而如今日本常说的"土用丑之日"，专指立秋前第十八天的那个"土用日"。

以2021年为例，七月二十八日就是这年的"土用丑之日"。因为梅雨季刚过的关系，每年的这几天都很炎热。在这天晾晒衣物与棉被，使其通风预防虫害，称为"土用干"。而过完年到这天也差不多过了大半年，该大扫除一番了，这又称为"土用扫"。这些都是与日常生活有着千丝万缕联系的季节习俗。

延续到现在的"土用丑之日吃鳗鱼"习俗，其起源最常见的说法，来自江户中期博物学者平贺源内的广告策略。据说原本鳗鱼是秋冬的时令食物，到了夏天就销量不佳，为此卖鳗鱼的商贩十分烦恼。于是，商贩找平贺源内老师商量，

寻求帮助。平贺建议在店门口摆出"本日为土用丑之日"的招牌，宣传这天应吃鳗鱼。店家照着建议实施之后，果然生意兴隆。这句话也被称为"日本最早的广告文案"，从此之后，鳗鱼在夏天也卖得很好。

而在大正时期的随笔集《明和志》中记载，安永、天明年间（1772—1788），人们便开始流行在暑中或严寒的土用丑日吃鳗鱼。与平贺源内的传说有无关系尚且不明，但可以肯定的是，从那时开始已经有"土用丑之日吃鳗鱼"的广告宣传，也真的形成了普通民众吃鳗鱼的习惯。

此外，丑之日原本就是标榜吃读音以"wu"[1]开头食物的日子，除了鳗鱼之外，人们也会吃乌冬面、梅干、瓜类、牛肉、马肉等。另外还有一种叫"土用年糕"的食物，类似包红豆馅的麻糖，据说吃土用年糕能消暑气。

1.日语中鳗鱼（うなぎ）、乌冬面（うどん）、梅干（うめぼし）、瓜（うり）、牛（うし）、马（うま）的第一个假名都为"う"，读音为"wu"。

土用丑之日

吃鳗鱼熬过炎热的夏天

现在日本人仍有在土用丑之日吃鳗鱼的习惯。虽说此习俗源自平贺源内，但并无确切证据。

正在处理鳗鱼的老板

江户的鳗鱼店

说到"江户前"一词，指的就是鳗鱼，可见江户时代常捕捞鳗鱼，还有传闻说当时整个江户城就有超过 200 家鳗鱼店。

平贺源内

据说土用丑之日吃鳗鱼的习惯来自博物学者平贺源内的推广。只不过这一说法没有任何文献证据，也可能是毫无根据的传言。

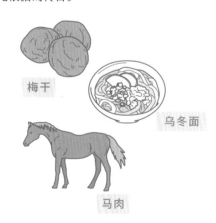

梅干

乌冬面

马肉

晾晒防虫

漫长的梅雨季结束后，迎来连续晴好天气的土用时期，这可是晾晒衣物防虫的大好机会。除了衣物外，人们也会晒书，晒餐具，或将家具搬到向阳好的地方暴晒，此举称为"土用干"。

开头读音为"wu"的食物

江户时代人们认为，在土用丑之日吃开头读音是"wu"的食物可防止中暑。

江户庶民间掀起的登富士山热潮

✳ 人们竞相攀登高耸的富士山

富士山于 2013 年成功入选世界文化遗产名录。古往今来，这座山都是日本人敬畏与信仰的对象。直至今日东京都内许多地方还留有"富士见町（可以看见富士山的街区）""富士见坂（可以看到富士山的坡道）"等地名，推测过去这些地区都可以远远望见富士山。只要前往地势较高的台地，就能看见富士山，对江户的人而言，富士山是近在身边的存在。

崇拜富士山的人组织了名为"富士讲"的活动，展开类似宗教活动的集体登山参拜。该活动始于 16 世纪，以修道者长谷川角行为始祖，并于江户时代后期的享保年间（1716—1736）普及。

那一时期有一种说法广为流传。据说，只要登山参拜"灵峰富士"，无论男女不分阶级，人人都能获得救赎。这种说法广传后，吸引了许多信众。提倡这一说法的伊藤伊兵卫[1]在富士山中进行断食修行，希望可以肉身得道成佛。他的女儿与门人

继承其遗志，在各地组织"富士讲"，一时间富士信仰引发爆炸性的风潮。

那时，一到旧历六月一日，日本各地都能看到身穿白衣参加富士讲的信众一起入山的身影。因为这天被定为"开山日"，信众会吟诵经文庆祝，随后开始登山。此外，还会选择人们出行量大的吉日开山。

虽然在参与富士讲的参拜活动中，男女没有差别，但实际上民间仍强烈批判女性进入"灵山"富士山，女性登山参拜，只被容许到达四合五勺御座石浅间神社，不能继续往上攀登。

但人们对信仰的热忱没有因自然条件的艰巨和性别歧视而熄灭。在富士信仰盛行的江户时期，日本各地出现了人工修建的"微缩富士山"。这些用富士山的火山岩或山区土壤堆成的小山名为"富士冢"。它们的出现，满足了无法登山的妇女儿童以及老人的参拜需求。

1. 日本宗教家，富士讲领导者之一。

富士讲	江户时代兴起的民间信仰

富士讲是受到江户人支持而兴起的宗教。但因为幕府宗教政策的影响，并没有得到江户幕府承认。

胎内环游

富士山内的洞穴也是参拜场所之一，穿过洞穴以达到驱除污秽、净化身心的效果，被称为"胎内环游"。由于当时并没有齐全的登山设备，要登上山顶非常困难，只有体力好的人才能抵达。

洞穴

登拜者

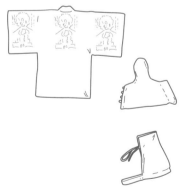

富士讲行装
富士讲的信众登富士山时，一定会从头到脚穿上白衣白鞋。

富士冢
身体素质不好的人或女性喜欢前往富士冢。人们认为参拜富士冢也能得到保佑，江户时期富士冢如雨后春笋般出现。

卯月

皋月

水无月

57

受到江户幕府支持！
江户时期最大规模的山王祭

符合条件者 ▷	商人	农民	武士	皇室	其他		符合年代 ▷	江户前期	江户中期	江户后期

✤ 东都最大活动！舞者、乐队，连大象也会登场

在町民文化百花齐放的江户时代，江户人热衷于举行各式祭典活动，旧历六月十五日是江户人期待已久的山王祭，这是江户时代奉幕府将军之命举行的祭典，游行队伍会将神轿抬进城内，连将军本人也会亲自到场观览。山王祭与神田祭并称为"天下祭"。

山王祭原本称为"江户山王大权现"，是为德川家守护神——日吉山王权现（今日枝神社）举行的祭礼。而神田祭则是为了祭祀作为神田神社中三柱神之一的平将门命（平将门：平安时代武将）而举行的祭礼。两个祭典每年分别举行，根据江户风俗志《东都岁时记》记载，山王祭上的神轿数量多达 45 台，参加山王祭的町镇则多达 160 町。神轿以及游行花车在街道上游行。山王祭可称得上是江户时期规模最大的祭典。

山王祭的高潮，当然是神轿以及其他游行队的巡行。此外，名为"付祭"的扮装游行也很受民众欢迎。在太鼓及三味线等乐器组成的乐队伴奏下，名为"地走"的舞者或宗教信众边走边跳舞，热闹的歌舞舞台车在神轿之间穿梭，为整条街带来华丽热闹的气氛，祭典游行经过的道路两侧，还会设置座位，方便市民围坐观赏。

前面提到的《东都岁时记》中，记载了麹町的一次游行中出现过巨大的大象造型花车。而这大象花车的原型，是享保十三年（1728）时，交趾国（越南）献给德川幕府的两头大象。当时，为了看一眼游行中的大象花车，路两边挤满了人，热闹非凡。

爱慕虚荣的江户人往往动员整座城镇的人力，出动神轿、游行轿子，就为了在祭典中与临镇比个高下。因此祭典阵容一年比一年豪华。后来因为过于奢华，天和年间（1681—1684）开始，幕府只好修改山王祭与神田祭的举办时期，两个祭奠活动隔年交替举办。

山王祭

热闹！奢华！江户最大祭典

江户时代有许多民俗活动，其中得到德川幕府认可、格外隆重盛大的山王祭，是连将军都会亲临观看的祭典。

山王祭

日枝神社是江户城的镇守神社，在此举行的山王祭也因此备受瞩目。全盛时期的山王祭，在举办期间会派出三台神轿、四十五台游行轿子，是吸引江户城周边游客最多的热闹祭典。

神轿

付祭

除了神轿和游行轿子等固定的游行车队，还会有出场内容不固定的付祭。像是大象造型的花车或精心扮装的游行队伍等独特的演出项目。

六月（水无月） 穿过轮环，所有灾祸都会清除

符合条件者 ▷	商人	农民	武士	皇室	其他

符合年代 ▷	江户前期	江户中期	江户后期

遵循正式礼法，穿过巨大轮环，夏天的例行仪式

江户时代的人认为，在日复一日的生活中，身上会累积许多污秽、灾厄以及自己犯下的过错，为了除厄洁净所举行的仪式就称为"大祓"。神社会在每年六月与十二月的最后一天举行大祓仪式，但十二月的最后一天是除夕，人们会特别忙碌，渐渐地就以六月三十日的"夏越祓"为主。

原本大祓的仪式是入水清洁身心，后来逐渐演变为用剪成人形的纸片代替自己，放入大海或河川，达到洁身除灵、洁净的目的。在代替自己的纸人上写上名字，借此将身上的污秽转移给"形代"。整体来看，与上巳节时将纸人偶放入水中流走的仪式类似。

另一项如今人们比较熟悉的仪式，是用茅草扎成能供人从中穿过的大环（茅轮），按照规定的仪式，以固定步骤通过轮环。仪式步骤是先伸左脚跨过环，整个人穿过大环后从左边绕回大环

正面，然后换右脚跨进环，随后穿过大环右边绕回正面，最后再用左脚先跨环，往左环绕回到正面一次。如画"8"字般穿进穿出大环三次。这套大祓的仪式内容之一，其最早的文献记录，是奈良初期的《备后国风土记》，起初只是将一个小茅草环挂在腰间，据说这样便能免除灾厄。后来茅草环变得越来越多，到江户时代草环已称得上"巨环"，这样的穿过仪式也流传至今。

如今日本各地的神社仍会举行"夏越祓"的仪式。例如，位于东京都台东区的小野照崎神社，每年的开山仪式就会与夏越祓同时举行，该神社内也有第56页介绍过的富士冢，吸引了许多人参拜。此外，京都的上贺茂神社每年六月都会举行"夏越大祓式"，还会将民众奉纳的人偶放入河川。和歌《百人一首》中就有咏唱这类仪式的诗句。

60

夏越祓

一次祛除半年份污秽的夏季仪式

夏越祓的仪式虽然没有除夕或正月那么隆重，但对江户时代的人而言，这也是半年一度的重要节日仪式。

夏越祓

为了洁身除灵，人们必须入水清洗身心。据说这种做法源于《古事记》中伊邪那岐命以河水沐浴创造天照、月读等几位主神的神话传说。因此，每年这一时期都会有很多人聚集在隅田川或荒川等河岸边清洁身体。

荒川

茅草环

形代

形代

穿过茅草环

在神职人员的带领下，以绕"8"字的方式穿过茅草环的仪式，也是夏越祓的重要仪式之一。现在还有不少神社会举行这种仪式。

形代流

将剪成人形的纸人放入河川流走的仪式就称为形代流。在河川众多的江户城，到处都能举行这一仪式。

形代

夏越祓原本有入水洁身的习惯，后来演变为将自身污秽托付给纸人"形代"，代替自己放入水中流走的仪式。

江户时代

江户时代从立夏开始就进入盛夏时节，现在新历则是将黄金周开始的五月初视为夏季。

江户时代	主要节庆与活动
夏季 旧历四月 **卯 月** 旧历已到夏天 为吃"初物"而疯狂	**灌佛会** 相传释迦牟尼诞生于旧历四月八日，这天宽永寺、浅草寺等寺庙会举行灌佛会，即往释迦诞生佛像上泼洒甜酒酿作为庆祝。 **初鲣** 这一时期，初鲣被视为是有好兆头的初物，价格高涨，人们也为之疯狂。街上到处都能看到贩卖新鲜鲣鱼的小贩。 
夏季 旧历五月 **皐 月** 两国烟火 在夏夜绽放	**男孩节** 五月五日这天是祈求男孩健康成长的男孩节，原本是武士家的风俗，后来流传至民间。 **隅田川开川** 旧历五月二十八日"开川"时，沿江两国会举办烟火大会。由键屋与玉屋两家烟火商竞相燃放烟火。 
夏季 旧历六月 **水无月** 盛夏时节仍不失 对山岳的敬意	**开山** 富士山是许多江户人的信仰，开山日人们纷纷登上富士山。江户地区还很流行参拜富士冢（微缩富士山）。 **山王祭** 日枝神社的神幸祭，是幕府将军也会亲临的祭典之一。从天和元年（1681）起，与神田祭轮流举行，一年一次。 

活动日历

试着比较江户时代和现代的节庆活动吧。

夏季篇

现代	比较与考察

新历

春季
4月
赏樱的规模
不亚于江户时代

4月是赏樱的季节，不过近年来受全球变暖的影响，樱花的花期提前，有时还会更快凋谢。始于江户的赏樱习俗，现在甚至已经扩散到亚洲其他国家以及欧美国家。

春季
5月
假期好多！
令人满怀期待的
黄金周

说到5月，最先想到的一定是黄金周假期。昭和二十三年（1948）施行"节日法"后，许多节假日集中在这个月。对如今的日本人来说是个开心的季节。

夏季
6月
衣物换季的方式
大不相同

6月进入梅雨期，是时候把冬衣放入衣橱，换上夏装了。在江户时代，则是拆去里衣的棉袄，将厚衣服改为单薄的衣物。

甜酒酿是预防夏季疲倦的健康饮品

用甜酒酿、乳汤、凉粉战胜酷暑

近年来，日本各地连超过 40 度的异常高温也不再罕见，而江户时代夏天的平均气温大概比现在低 2 ~ 3 度。但古代没有空调，感觉热时只能用扇子、团蒲扇风纳凉，加之江户地区湿度也很高，人们经常中暑。

素有"喝的点滴"之称的甜酒酿，对现代人来说或许是冬日里的绝佳热饮，但对江户人来说，可是预防夏季倦怠的营养饮料。

同样，温热的饮料还有"乳汤"，这种用铁锅加热，掺砂糖喝的饮料也很受欢迎。路边虽然能看到小贩卖西瓜或桃子等时令水果，但最能代表夏天的点心莫过于凉粉。用筷子吃凉粉容易夹断，所以江户人吃凉粉时只用一根筷子捞着吃。冰粉口感滑溜溜的，入口冰凉，也有人喜欢搭配醋酱油来吃。

第三章

秋季的活动

旧历 ▷ 七月—九月

新历 ▷ 9月—11月

和现代人相比有一个月时间差的旧历七月至九月，也比如今更早一步进入秋季。白天虽然依旧很热，但早晚已有寒意。江户时代的人们又是如何度过的呢？本章将详细介绍盂兰盆节与秋日赏菊等节日活动，一窥当时庶民的日常生活。

江户的城镇在竹林里！
向群星许愿祈求技艺进步

符合条件者 ▷	商人	农民	武士	皇室	其他		符合年代 ▷	江户前期	江户中期	江户后期

到了祈求裁缝技艺或才艺精进的日子

旧历七月七日又称"七夕"，是江户幕府制定的"五节句"之一。七夕是牛郎与织女一年一度相会的日子，这原本是中国流传的神话传说，在融合了日本自古以来就有的"机织姬信仰"后，七夕这个节日的形式就此定格下来。

在中国，七夕原本也称"乞巧节"。这一节日传到日本后，日本人开始模仿习俗，并融入本土文化传统，七夕节也渐渐成为祈求裁缝、手工艺甚至书法等才艺精进的日子。这一天，女眷们会提一桶水，享受星空映在水面的观星乐趣，还会在祭神的供品前弹奏古琴或三味线，祈求演奏乐器的技能进步。

日本的七夕，就是这样融合了中国文化与日本文化的独特节日。

说到旧历七月七日，对应已经是8月下旬的新历，这时虽已是夏末但仍相当炎热，对江户时代的庶民来说，却已经要着手准备秋季节庆了。把写了和歌或心愿的纸条"短册"挂到竹枝上，大人小孩一起享受剪纸等手工的乐趣。这种习惯广泛深入庶民之间，在七月六日那天，江户城中已有数不清的五色短册挂在竹枝上，整个城镇俨然化为一座竹林。

此外，这天还有另一项重要的节庆活动，那就是名为"井户替"的清理水井的习俗。这天，人们会将井里的水全部打取干净，为水井进行一年一度的大扫除。长屋的居民通常会聚在一起，合作打取井水，再请水井工匠把井底的垃圾污泥打扫干净。完成水井清洁工作后，在井边供上给井神的御神酒，进行洁身仪式。

七夕这天，会在水井旁的纺织机小屋进行洁身除灵仪式，这一风俗习惯，融合了中国传来的织女传说后，七夕节便开始带有"与水相关的除魔性质"，也才衍生了打扫水井的年度活动。

七夕风景

五彩缤纷的江户街市

七夕当天，家家户户都会搬出粗壮的长条竹枝，挂上五彩缤纷的装饰，整个城镇变为一片竹林。

葫芦

祈求无病息灾的装饰。后来虽然不再有挂葫芦的习惯，江户时代人们还是会挂上剪成葫芦形状的短册（写有诗句的诗笺）。

网饰

模仿渔网形状的装饰，有祈求渔获大丰收的寓意。

吹流

象征织女手中丝线的装饰。据说也有"除魔"的含义。

短册

配合中国古代的五行之说使用蓝（或绿）、红、黄、白、黑（后来改成紫）等五种颜色的纸张做成短册。起初这一习俗与织女传说密切相关，祈求的也是裁缝等手艺精进，后来渐渐演变为祈求各式才艺的精进。

民众

由女眷们在神前献上供品，演奏古琴或三味线，祈求演奏技巧进步。

七月十日是相当于
四万六千天份幸运的参拜日

符合 条件者 ▷	商人	农民	武士	皇室	其他

符合年代 ▷	江户前期	江户中期	江户后期

红色的玉米是避雷护身符

每年七月九日与十日会在浅草寺举行"酸浆花市集"，时至今日仍能吸引不少商贩摆摊。对许多人来说，这天也是观音菩萨的缘日。七月十日是浅草寺的"功德日"，据说若于这天来参拜，则能获得相当于平时参拜四万六千天份的功德，是非常特殊且幸运的日子。

因此，尽管如今酸浆花市集的知名度更高，但对江户时代的庶民来说，大家都为了积攒功德，纷纷在这天涌入浅草寺参拜。

四万六千日这数字的由来，是来自"46 000天约126年"，126年是江户时代人们所认知的人类寿命的极限，因而有着"相当于一辈子功德"的含义。此外，据说一升大米大约有四万六千粒，"一升"与"一生"发音相近，这也是四万六千这个数字的由来之一。

据《东都岁时记》记载，浅草寺内一隅贩卖的红色玉米护身符有避雷的功效。据说，其起源是农民家将这种红色玉米挂在家里的天花板上，因而避开了落雷。现在红玉米只限定于缘日这天贩卖，且只有这天才能在浅草寺买到这特殊的避雷护身符。

事实上，除了浅草寺外，芝地区（今东京都港区）的鱼篮观音、驹入光源寺的大观音、墨田区的本所回向院以及青山的梅窗院等，都将七月十日定为四万六千日，前往参拜即可一举获得四万六千日份的功德，也能买到红色玉米。浅草寺受到民众压倒性的喜爱，是因为浅草一带是江户数一数二的娱乐区，前来参拜之后，还可以顺便去奥山的茶馆喝茶，或去见世物小屋看看表演。

明历大火过后，吉原（政府公认的游郭）搬迁至浅草寺后门附近。天保改革时，戏剧盛行的猿若町也迁移至此，民众参拜之后的娱乐项目进一步增加。

热闹的浅草寺

许多人为了祈求功德与寻求娱乐前来参拜

江户时代的知名景点浅草寺平时就是个人多热闹的地区，"四万六千日"这天更是人山人海。

浅草寺

以参拜与出游为目的，浅草寺成为江户时代许多民众造访的观光胜地。四万六千日这天浅草寺周边会有许多摊贩，贩卖作为护身符、吉祥物的红色玉米及酸浆果。

参拜者

抱着"参拜顺便观光"想法的人很多，即使附近还有不少寺庙举行四万六千日，大家还是倾向于来浅草寺。

四万六千日最受欢迎的东西

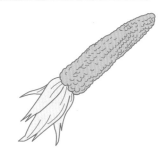

红色玉米

带来吉祥寓意的避雷护身符。源于农家将红色玉米挂在天花板，以避开落雷造成的灾害。

酸浆果

最早开始贩卖酸浆花果的是位于芝地区的爱宕神社。人们购买酸浆果是源于民间相信"就着水将酸浆果整颗吞下就能去除疾病"。

祭拜祖先的盂兰盆会

✤ 为了让祖先不迷失回家的方向，以灯火指引道路

正式名称为"盂兰盆会"的"御盆"，是日本一项重要的节日，在盂兰盆会期间各家各户会迎回祖先灵魂供奉。

盂兰盆会这个词的由来有诸多说法。其中一个说法认为，这一词来自印度梵语中的"Ullambana"（有倒吊或受倒吊之苦的意思），引申出"解救痛苦死者"的意思。另外一个说法是来自古代伊朗语中代表灵魂的单词"Urvan"。

日本的盂兰盆会在旧历七月十三日至十六日间举行。十二日与十三日会举行"草市"，可在这置办节日所需的物品。深川（今东京都江东区）以及小石川传通院（今东京都文京区）等地都会举办"草市"。人们在这里购买"迎火"或"送火"时使用的剥皮麻秆、竹子以及草席等，用来制作迎祖先用的"盆棚"。如今，月岛（东京都中央区）在盂兰盆会期间仍能看见露天摊贩的热闹草市。

盆棚的做法是先铺草席，再以竹子环绕四周，并将竹子顶端绑上一圈绳子。草席中央放置牌位，旁边放佛具、盆花，以及用小黄瓜和茄子做成的牛马等供品。不同地区的盆棚做法有些许不同，但不变的是人们祭祖的心情。

十三日会举行"迎火"。一到傍晚，为了不让祖先回家时迷失方向，就要燃烧麻秆作为指引方向的灯火。十四日或十五日请和尚诵经，最后一天的十六日则焚烧"送火"，将祖先平安送回另一个世界。

据说盂兰盆会的部分习俗源于中元节。其根据是中国的"三元说"，一月十五日为上元，七月十五日为中元，十月十五日为下元。这三天都是用供品祭神的节日，传到日本之后，中元节与盂兰盆会融为一体，演变出给亲朋好友赠送中元礼品的习俗。

| 盂兰盆会时的人们 | 现代人继承的祭祖之心 |

现代人继承的祭祖之心

与持续到现代的扫墓习俗一样, 如今逐渐被人淡忘的 "迎火" 等也是祭祖的重要仪式。

迎火

七月十三日会在玄关焚烧麻秆迎接祖先灵魂归来。

盆棚

四个角插着带叶的竹枝, 用菰 (禾本科植物) 做的绳子将四周连接, 并在中间安置祖先牌位, 还会放上蔬果等供品。

扫墓

根据檀家制度 (庶民隶属特定寺院的制度), 一般来说, 民众会在寺院内设立自家墓碑, 每逢节日前往祭拜扫墓。

活动

盂兰盆节期间, 街头小贩大活跃!

"迎火" 需要的麻秆、制作盆棚需要的竹枝等, 为祭祖所需要购买的用品有很多。这时便是街头小贩大显身手的时候了。进入七月后小贩就会开始沿街叫卖, 方便人们购齐盂兰盆节所需物品。

江户时代的赏月团子
有网球那么大

符合 条件者 ▷	商人	农民	武士	皇室	其他

符合年代 ▷	江户前期	江户中期	江户后期

二十六夜的月亮
比十五夜的更有价值？

月球是地球的卫星，也是对我们来说最近的天体，月夜的美景自古以来便深受人们的喜爱。其中，旧历八月十五的中秋节（十五夜）更是盛行赏月，至今已成为日本全国性的活动。

江户时代，人们赏月时会准备糯米团子、栗子、小芋头和柿子等供品，此外还会供上有"秋之七草"之称的芒草和胡枝子。在稻米成为主食前，小芋头是日本人的主食之一，因此被视为特别重要的供品。十五夜的别名"芋名月"也来源于此。

江户人赏月时吃的是圆形的糯米团子，京都大阪的团子则是状似小芋头的椭圆形。根据《守贞漫稿》的记述，江户人会将团子放在供品台上堆成山形。相较之下，京都大阪人则将团子堆成如小芋头般顶部尖尖的形状。京都和大阪的人也不会用芒草或花当供品，不同地区呈现不同的节日习俗，相当有趣。

尽管关于赏月时吃的团子大小，没有具体规范，每个地区都不一样，甚至有像网球般大小的团子，但习惯上，十五夜会供上15个团子当供品，如果是网球大的团子，光制作就得费上一番工夫。有趣的是人们对孩童偷吃供品团子的行为往往睁一只眼闭一只眼。因为大家一起分享给神明的供品，与日本神道教中的"直会"[1]仪式类似。

如今人们的话题多半集中在八月十五的十五夜。但其实，江户时代人们更喜欢旧历七月二十六日的月亮，每到这一天，最适合赏月的高轮地区（今东京都港区）就会挤满前来赏月的人。二十六日的月亮称为"有明月"，月亮在快天亮时才升至天顶，许多人因此通宵等待月出，这一赏月习俗称为"二十六夜待"。这些等待月出的人会去餐馆茶馆租下包厢或是租屋形船和小船到海上，选择自己喜欢的地点享受赏月的乐趣。

---

1. 指在祭祀仪式后，用供品举行酒宴大家一同享用。

赏月风景

庶民吃团子、插芒草，享受赏月之趣

八月十五中秋节，中国赏月的习俗在平安时代就已传入日本，并与日本文化发生融合。在江户时代，中秋赏月的风尚也在庶民间普及。

月亮

满月象征着物产丰饶，人们赏月时，满怀着对丰收的感谢。

芒草

这时稻米尚未结穗，于是插上初看之下宛如稻穗的芒草作为装饰。

赏月团子

大小没有固定的规范，一般来说比如今吃的糯米团子还要大，甚至有网球大小的。因为是供奉给神明的食物，在神道教的教义中，供奉之后人们应当一起分食供品。所以就算邻居家的孩子偷吃团子，大人也不会生气。

秋天的农作物

小芋头、毛豆、柿子、栗子等都是秋季成熟收获的农作物，成为赏月时的供品。其中小芋头也会用在正月料理中，是具有代表性的节庆食材。

活在欲望与金钱泥沼中的吉原女子

| 符合条件者 ▷ | 商人 | 农民 | 武士 | 皇室 | **其他** |

| 符合年代 ▷ | 江户前期 | 江户中期 | 江户后期 |

对庶民而言是高岭之花，只有富人才能前往吉原寻芳

　　吉原花街，创设于元和四年（1618），原本位于现在的东京人形町一带。明历大火后搬迁到浅草寺北边，一直持续经营到昭和三十三年（1958）。但不同于风月场所，游女会与顾客培养感情，发展出"模拟恋爱"的形式。当时江户男女比例差异很大，许多娶不到妻子的男性为了寻求慰藉便会造访游郭。但对庶民来说，踏入吉原的门槛实在太高。

　　"花魁"指的是"太夫"（游女中的最高等级）等级的游女。客人第一次指名花魁称为"初会"，也就是两人的初次见面，这时只能在酒席上说话。第二次指名叫作"翻面"（意为指名过一次后客人再度指名），慢慢拉近两人间的距离，到第三次指名，才称得上是熟客。客人若看上了哪位花魁，还得用心讨好整间店的人，这么一来花费不菲，没有一定经济实力的人自然无法前往吉原消费。

　　吉原游女多达3 000人，花魁只占其中一小部分。花魁身边经常带着两三个"新造"（见习游女）和几名"秃"（住在吉原的女童）。新造指的是年纪小还未能习得才艺，不能接待客人的游女，秃则是6～13岁的孩子，两者都负责侍奉花魁的日常起居。新造之中不能接待客人的称为"番头新造"，负责指导其他新造侍奉花魁。吉原是个严苛的世界，想成为独当一面的花魁，必须经过艰苦的磨练。

"花魁道中"

游女们华丽盛大的展示台

以等级最高的游女"太夫"为中心，打扮华美的女子漫步于大街的"花魁道中"，吸引路人的视线。

遣手

负责指导并监督游女的中年女性。多半是已经上了年纪无法再接待客人又无处可去的游女前辈。

若众

在游郭工作的男性。通常担任警卫或在入口处监视的工作，也会跑腿或帮忙撑伞，工作内容广泛。

太夫

级别最高的游女称号。除美貌之外，还兼备各种才艺，精通音乐、茶道、文学。

秃

不到新造的年纪，年龄为6～13岁的女童。多半是从小就被卖到吉原的小女孩，长到14岁后，就成为见习游女"新造"。

新造

地位如同太夫的妹妹，多为14～16岁，平时一边侍奉太夫的生活起居一边学习游女的礼数规矩。

花魁的装扮

雍容华贵的花魁妆

花魁是吉原最高级别的游女，她们的打扮也极尽奢华，能吸引每个路人的目光。

花魁 花魁的时尚广受年轻女性的瞩目，她们在当时宛如"时尚领导者"。

发簪

金、银、玳瑁、象牙，头上插满用各种昂贵材料制作的豪华发簪。全盛时期的花魁前后发髻（qū）上共会插上八支豪华发簪。

发笄

原本的作用是固定头发，以免梳好的发髻松开。到了江户时代后期，成为一种发饰。

仕挂

在吉原，将打挂（挂穿的布帛制外衣）披着穿在小袖和服外侧称为"仕挂"。有拖在地上的长下摆，还会将下摆向外反折缝起，里面塞入厚棉。

下驮

涂成黑色的三片鞋跟高脚木屐。进行"花魁道中"时，穿上这种鞋子在大路上漫步的花魁特别引人注目。

腰带

在胸前打结后下垂的腰带系法称为"俎板带"，是花魁正式打扮的腰带系法。按规定，进行"花魁道中"时一定要系紧这种腰带。

> **发型的变迁**

游女的妆貌随身份、年龄而变化

以下介绍各式游女的发型，以及随年龄和职务改变的装扮。

发型

兵库髷
在吉原设立前就存在，是江户一间名为"兵库屋"的游女梳的发型。

胜山髷
胜山是17世纪吉原大受欢迎的一个游女，由她带动的这种圆形发髷，在普通女性间也大为流行。

岛田髷
从男式发型"若众髷"发展而成的游女发型。从基本的岛田髷衍生出"扁岛田""高岛田"和"文金高岛田"等各式造型。

装扮的变化

秃
梳妹妹头或岛田髷，插花形簪。

振袖新造
发型是岛田髷，插上朴素的发插或发笄当装饰。衣服是振袖和服、腰带系在前面。这时还不能穿仕挂。

留袖新造
不接待客人，一般会穿上留袖和服，工作是一边侍奉太夫一边招揽客人。

独当一面的游女
在振袖和服外穿仕挂，有和自己亲密的客人。

在放眼便是菊花的重阳节
祈求长寿

在"九九"重阳节这天
饮菊花酒祈求健康长寿

重阳节为旧历九月九日，"9"是阳数，也就是奇数中最大的数字，因此由两个9重叠的九月九日，就被视为吉利的好日子。

重阳节起源于中国上古时期，据说有在这天饮菊花酒祈求长寿的风俗习惯。这一习俗于平安时代传入日本，除了喝菊花酒，贵族间还流行用棉花覆盖在菊花花苞上，再用蘸了菊花夜露的棉花擦拭身体，这一风雅做法，称为"菊之被棉"。连才女紫式部都曾吟咏"袖扶菊露红颜润，让与贵人千年寿"这一诗句，其大意是"用蘸过菊露的棉花擦拭身体能延年益寿，我只要稍微沾沾袖子就好，还是将千年的寿命献给贵人吧"，由此可知，蘸过菊露的棉花是多么珍贵的东西。

到了江户时代，武士阶层也开始举行庆祝重阳节的仪式。每到这天，幕府将军就会穿上单薄的蓝色小袖和服与长袴，在大名诸侯面前执行"重阳节会（使用菊花祈求不老长寿）"的仪式。在宴会大厅里，欣赏各地大名诸侯献上的菊花，共饮漂浮着菊花花瓣的酒，祈求长寿健康。

此外，一般武士家中也会用名为"长柄"的带把手的容器装酒，在上面放上成堆的菊花。流传后世的许多名画中都可以看到类似的情景，令人从中感受到武士的豪迈。菊花是镰仓时代后鸟羽上皇最喜欢的花，因此成为日本皇室的家纹"菊纹"，一直继承到现代。

重阳节也与衣物换季的时期重叠。虽说是衣物换季，江户时代庶民没有多余的钱将夏服换成冬衣，只能修改原本穿的衣物，在表层与里衬之间塞入夹棉，或是用两层布料缝合为较厚的衣服。对江户人来说，重阳节也是提醒人们秋天即将到来的一个标志。

重阳节做的事

忙着为整理换季衣物与拜访师长的秋季

重阳节在季节更替的间隙，为衣物换季或拜访师长都是江户时代庶民的例行活动。

衣物换季

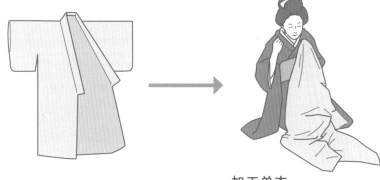

单衣

一般庶民从春天到夏天穿的是用一片布料做成的和服"单衣"。

加工单衣

到了只穿单衣会冷的时候就缝上里衬，或是在两层布料之间夹棉，改造成暖和的衣物。

拜访传授才艺的师父

徒弟

按照江户时代的习俗，徒弟要在这天向师父传达祝贺的话语，表演平时学习的才艺。

师父

女性从 5—6 岁到 15—16 岁都要进入师门，拜师学艺。

秋菊春樱——
江户人最爱的季节之花

| 符合
条件者 ▷ | 商人 | 农民 | 武士 | 皇室 | 其他 | | 符合年代 ▷ | 江户前期 | 江户中期 | 江户后期 |

赏春樱与秋菊对江户时代的人来说是不可或缺的活动

除了春天赏樱，江户时代的人们秋天也会集聚起来外出赏菊。

菊花在中国被视为长寿之花。在日本，自幕府制定"重阳节会"，庆祝重阳节成为国定例行假日后，各地便开始栽培菊花，尤以本乡（文京区）最为盛产，渐渐地白山、千石、巢鸭（丰岛区）也开始栽培菊花。其中，巢鸭、染井和驹入一带更成为花卉与植栽的重要生产地，除了生产还进行展示贩卖，吸引了许多游客。

巢鸭的菊花最早是种植在花盆里，主要用来建造花坛，文化年间（1804—1818），麻布狸穴町一带开始用菊花装饰成鹤或帆船的造型，被称为"形造"，这种做法广传到各地，引来大批赏花客观赏。不少游客为了赏菊不远万里来到江户，于是江户的菊花业者便为这些人专门制作菊花排名表，以及用来指路的导览图。只要参考这些"观光指南"，游客就能知道到哪里可以看到心仪菊花品种。

然而，栽培菊花制作不同造型的花匠不能向观光客收门票钱，再加上"形造"制作起来耗时费工，很多花匠因此放弃制作，使得赏菊风气低迷了一段时间。赏菊风潮再起是幕末天保、弘化年间（1830—1848）的事，"形造"在文京区的千驮木、根津、团子坂等地方重获新生。这时最常见的，是做成富士山、帆船或鹤等造型的"形造"，后来开始流行以歌舞伎知名场景中演员的姿态为主题的"形造"，深受民众喜爱，这种形造被称为"人形菊"。在团子坂展示的人形菊，从明治九年（1876）开始收取门票费用，成为收费展览的活动。此后，日本各地都出现专门举办"人形菊展"活动的公司。直到现在，每年秋天，日本各地的古城或公园仍会时常举办"人形菊展"吸引众多游人。

| 各式各样的菊花 | 整齐美观外表华丽的菊花深受人们喜爱
江户时代人们喜欢在秋季来临时欣赏各种不同品种的菊花。现如今日本各地仍然会在秋季举行菊花展。 |

造型

用菊花拼成鹤或帆船等立体造型。自文化年间（1804—1818）起广为流传，甚至出现菊花排名表，吸引来自奥州（今日本岩手县）等地的游客。

人形菊

用菊花做成各种东西。有大象、骆驼，甚至会重现歌舞伎的知名场景。后来发展为用木头制作头部与手脚，再用菊花做成衣服给人形菊穿上，这已成为现在制作人形菊的固定形式。

变种菊

在同一株上开出数百种不同花朵的品种。这并非自然生长的菊花，而是用来吸引游客的变种植栽。

长达十一天的
芝大神宫例大祭

| 符合条件者 ▷ | 商人 | 农民 | 武士 | 皇室 | 其他 | | 符合年代 ▷ | 江户前期 | 江户中期 | 江户后期 |

 因"惠组的喧哗"[1] 一举成名
成为歌舞伎素材的祭典

坐落于港区芝大门的芝大神宫，自古以来便有饭仓神明宫、芝神明宫、日比谷神明宫等旧称，镰仓时代源赖朝曾划定神社用地面积，加上江户时代受到幕府的强力保护，芝大神宫作为江户城的产土神（土地的守护神），广受信仰。此外，这里也被称为"关东伊势"，是一座深受人民崇敬、历史正统的神社。

宽弘二年（1005）创立之际，人们以新米、生姜、甜酒酿，以及用薄杉木板做成钱币形状的千木箱作为供品。以此为由来，现在每年九月十一日到21日举行的祭礼上，神社内贩卖生姜的摊贩众多，他们也同时贩卖甜酒酿与千木箱。

千木箱中装的是红豆饭、糖果和五色豆。在衣柜里放千木箱也象征拥有很多衣物，人们相信把千木箱放在供奉神灵的架子上有除魔的功效。

原本正式祭典只有一天，但在江户时代流行前往伊势神宫（位于今三重县伊势市）参拜，无法前往参拜的庶民纷纷涌入有"关东伊势"之称的芝大神宫，祭典因此拖拖拉拉地延长为十一天，由此例大祭还被称为"拖拉祭"。

经常有人在祭典中发生争执，其中最出名的，是发生于文化二年（1805）二月的"惠组的喧哗"。当时负责在祭典上搭建小屋的，通常是城镇上的消防队，而芝大神宫由名为"惠组"的消防队专门负责区域内工作。消防队上一个叫辰五郎的人去看劝进相扑时没有付门票钱，和力士们起了争执，演变为瓦片齐飞的大规模群架，伤者多达几十人，成为印象巨大的群架事件。

后来，歌舞伎将这起事件改编为戏剧《神明惠和合取组》，这个故事也因此流传至今。

---

1. 惠组是指江户城内四十八组消防队中的一队。

例大祭上的情形

江户时代举办期最长的祭典

持续举办长达十一天的芝大神宫例大祭。秋天时，每间
神社都会举行热闹的祭典，这场祭典更是其中之最。

文月

神社内搭起许多摊位

祭典期间，神社内会搭建起很多
临时摊位。

叶月

长月

甜酒酿与生姜是招牌商品
众多商人聚集在一起，办起生姜
集市或贩卖甜酒酿。

例大祭上受欢迎的商品

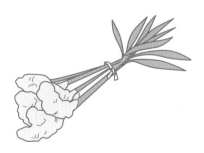

生姜
神社创建时，供奉给神明的供品包括
生姜、甜酒酿与千木箱。在祭典时神
社内都会办起生姜集市。

千木箱
用杉木片围成小判（江户时代日本使
用的金属钱币）形状的小木盒。里面
装满了糖果或五色豆，深受女性喜爱。

神田祭上豪华绚丽的三十六台山车

九月（长月）

符合条件者 ▶	商人	农民	武士	皇室	其他

符合年代 ▶	江户前期	江户中期	江户后期

围观群众大亢奋！遍布整个江户的山车队伍

有江户总镇守之名的"神田明神的神田祭"，与德川幕府的产土神"山王权现神社（日枝神社）的山王祭"，可说是平分江户庶民人气的两大祭典。现代神田祭虽于五月十五日举行，但江户时代的正式祭典则是在九月十五日。每年，随着这一天的接近，江户城的大街小巷也逐渐弥漫出一股热切又兴奋的气息。

正式祭典前一天，游行队伍从神社附近出发。位于游行路线上的武士家或普通民众家高朋满座，举办起盛大热闹的酒宴。

到了祭典当天，道路禁止行人通行，巷弄也会设置栏杆阻挡。慢慢地装饰得美轮美奂的豪华山车[1]从道路另一段出现，36辆山车各有特色，仿佛竞争一般，在争奇斗艳中通过道路。拉山车需要借助牛的力量，山车与山车之间除了安排手持长枪的警卫外，还不时有载着舞者及歌手的歌舞摊车经过，队伍绵绵不断。

每有一辆山车经过，沿途围观的群众便发出欢呼，拍手送上鼓励。游行队伍从汤岛圣堂（位于今东京都文京区）西侧转入神田旅龙町和筋违桥（今东京都昌平桥附近）一带，再从须田町朝日本桥前进。出了三河町河岸路后，经过众多武士宅邸门前，来到如今武道馆的前方，沿着竹桥门与御堀端，一直走到大手门的桥边，接着一定会走到丸之内消防厅后侧——这里是神田明神发祥地的平将门首家所在地，再走出常盘桥。

队伍来到常盘桥时，时间多已是傍晚。太阳下山，夜幕低垂，家家户户都取下屋檐上的灯笼，挂在竹枝上加入游行队伍，路上行人越来越多，祭典也达到了最高潮。这时的景色想必很美。

隔天，对祭典的热情任未消减，祭典相关人士穿着祭典上的服装直接前往神社参拜，感谢神明保佑祭典平安落幕。

1. 在日本庙会或节日出动的彩饰花车。

祭典的主角
山车

以夸张排场取悦江户庶民的游行队伍

有装扮成朝鲜信使的，也有大鲇鱼造型的山车，还有以桃太郎为主题的山车，种类繁多。

文月

明治时代之后，考虑到道路上及两侧满是电车与电线杆，山车渐渐退出历史舞台，但其实直到江户时代，山车都是祭典的主角。此外，江户时代的山车大多在关东大地震及二战时被烧毁。现在的祭典以町神兴（神轿）为主流。

叶月

长月

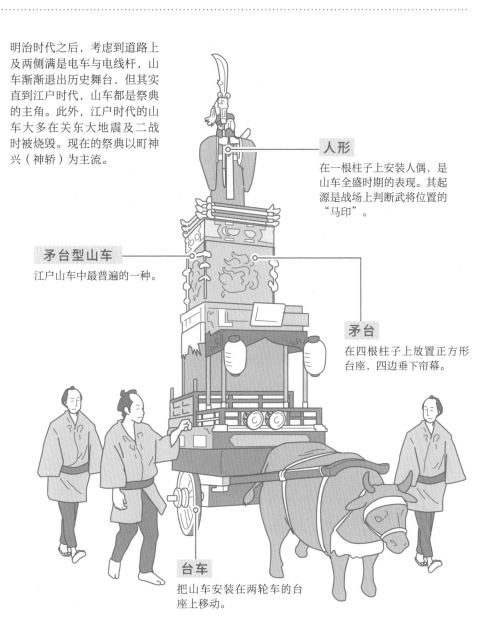

人形

在一根柱子上安装人偶，是山车全盛时期的表现。其起源是战场上判断武将位置的"马印"。

矛台型山车

江户山车中最普遍的一种。

矛台

在四根柱子上放置正方形台座，四边垂下帘幕。

台车

把山车安装在两轮车的台座上移动。

江户时代

现代的秋季是10月至11月，而江户时代的秋季始于文月（七月）。

江户时代	主要节庆与活动

秋季
旧历七月

文 月

写下诗歌或文字
精进书法的月份

七夕
牛郎织女一年一度相会的七夕，是从中国传来的节日，在日本从江户时代起，人们习惯在这一天在"短册（类似于纸条装书签）"上写下心愿，挂在竹枝上。

盂兰盆会
祭祀祖先的盂兰盆会于七月十三日焚烧"迎火"，十六日早上焚烧"送火"，送祖先回到彼岸。

秋季
旧历八月

叶 月

满树红叶
落叶纷飞的季节

赏月
八月十五日的中秋节，是正好在秋天中旬的节日。节日期间江户城内会搭建"赏月城楼"并举办宴会。

赏菊
用菊花打造出仙鹤或帆船等造型的"形造"。如同春日赏樱一般，江户人也热爱秋季赏菊。

旧历

秋季
旧历九月

长 月

夜晚时间开始变长
所以称为长月

芝大神宫祭典
在有"关东伊势"之称的芝大神宫举行为期十一天的"例大祭"。

神田祭
共有36辆山车游行于城内。这天整个江户都充满喜庆的气息，晚上人们提灯漫步的景色绚丽多彩。

活动日历
秋季 篇

以下是江户时代与现代秋季活动与节庆的比较。

现代	比较与考察

新历

夏季
7 月
有人会在这一月沿袭
传统过盂兰盆节

新历的盂兰盆节在8月15
日前后，又称为"月迟盂兰
盆"。盂兰盆节虽已成为国
定节假日，但也有些地方仍
维持旧历习俗，于七月举行
盂兰盆会。

夏季
8 月
酷暑持续
但节庆不断的盛夏

江户川花火大会上，人们跳
舞举行多项例行节庆活动，
点亮送迎祖先的灯火。

秋季
9 月
日本列岛
受台风侵袭

9月23日前后是秋天"秋彼
岸"[1]。旧历八月十五日约为
新历9月24日，这天人们欣
赏名为"十五夜"的中秋明
月。但因这个时期也是台风
季，有时无法顺利赏月。

1. 分别以春分和秋分为中心的前后七天，被称为"春彼岸"和"秋彼岸"，共称为彼岸节，日本人会在节日期间扫墓。

避人耳目的幽会，
在不忍池边的"相遇茶室"

恋人约会的知名场所

　　每个时代都有避人耳目幽会的男女。在江户时代，男女幽会的地点多在不忍池（今上野公园内）。池水的一端与弁天岛的茶室相连，这里充满了恋人们如火的热情。

　　不忍池原本就是热闹的观光胜地，偷偷混在人群里造访茶室很容易。茶室的费用是金一分（约600元），虽然昂贵，但恋爱使人盲目，为求一时的相约机会，付出这点金钱也不算什么。

　　在入口领取茶和烟草盆，不需带领自行进入即可。茶室多半有多个出入口，回家的时候为了避人耳目，两人分别从不同出口离开。此外，一般茶室都是相连的，如此一来也不容易引人起疑。不忍池正是这样一个为男女提供幽会选择的秘密场所。

第四章

冬季的活动

江户时代的冬天比现在还冷，根据记录，有几年甚至连隅田川都冻结了。在有"小冰河时期"之称的14世纪中叶19世纪中叶，江户时代中期更是其中特别寒冷的时期。即使是在没有暖气也没有大衣的寒冬里，人们依然会享受节庆活动与祭典的乐趣。

武士优先庶民在后！
取暖器使用也分先后

符合 条件者 ▷	商人	农民	武士	皇室	其他		符合年代 ▷	江户前期	江户中期	江户后期

 ## 庶民在家吃牡丹饼，
用暖炉桌和火盆取暖

旧历的神无月相当于现在的10月下旬到12月上旬，是天气逐渐转寒的时期。

江户城中，十月初会举行"玄猪御祝"[1]，节庆从下午5点开始，会有皇室宗室亲属、谱代家臣（代侍奉同一个领主家族的家臣）及一部分的外样大名（外样大名是关原之战前与德川家康同为大名的人，或战时曾忠于丰臣秀赖战后降服的大名）等一同登城，接受将军赐饼（日语里的"饼"是更接近中文的"糕"）。这种糕称为"亥子饼"，因为山猪繁衍能力强，给以此表达多子多孙的愿望。

将军赠物给大名的仪式称为"手捣"。由朝廷中宫女用来称饼（年糕）的词汇"捣饭"音变而来。将军亲手将饼交给诸侯的仪式就称为"手捣"。

因为是晚间进行的活动，城内焚烧着篝火，仪式在肃穆的气氛下进行。没有登城的武士们也会同时在家中吃红白年糕。对武士家而言，繁衍子嗣是非常重要的事，因此特别重视"玄猪之仪"。

另一方面，庶民之间则流行制作牡丹饼，用来感谢神明保佑五谷丰收。民众除了和家人一起吃牡丹饼外，也会分送邻居。

此外，这天也是启用暖具的日子。诸如暖炉桌、火盆、地炉等，都从这天开始允许使用，因此也将这天称为"被炉开"（被炉就是暖炉桌），换句话说，这天之前是禁止使用取暖器的。

直到现代仍受一般家庭喜爱的暖炉桌由来已久，其历史可上溯到室町时代。当时是在火力减弱的地炉上覆盖灰炉，再把衣服披在上面。后来演变为将屋内部分地板往下挖成洞穴状，将地炉设置在较低位置的"掘被炉"，这种形式也一直流传到现代。

到了江户中期，人们在木框中间放置火盆，框外覆盖棉被，诞生了"置被炉"。因为移动方便，这种形式的暖炉桌很快普及江户一般家庭。

---

1. 日本传统节日，有在节日当天上午亥时（11点左右）吃亥子饼，消除疾病的习俗。

江户时代的防寒用具

江户人也爱用被炉桌取暖

江户时代的建筑物与衣物防寒性都比现代低，为了取暖，防寒用具是江户时代庶民不可或缺的东西。

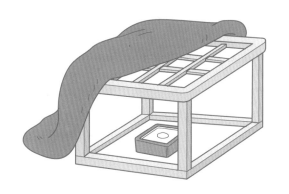

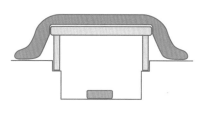

置被炉
在地炉上方放置木框，再用棉被覆盖其上。

掘被炉
将地炉设置在比地板更低的位置，在与地板齐高的地方设置木框放脚，更高的位置架设另一个木框，上面铺上棉被，就完成"掘被炉"了。

在烧炭火的地方放置铁瓶烧水，或放上金属网烧烤年糕。

抽屉里放烟草等琐碎的日用品。

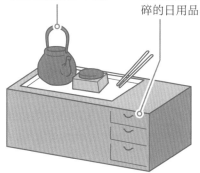

长火盆
火盆从平安时代就已存在，放在房间里取暖，则是从江户时代开始的习惯。

灰式怀炉
在木炭粉末里掺入茄子的茎或桐灰（具有燃烧时间持久的效果），再用纸包起来。点火后，放进金属制的盒子里取暖使用。

| 十月
（神无月） | | 吃喝不限量的祭典
"惠比寿讲" |

| 符合
条件者 ▷ | 商人 | 农民 | 武士 | 皇室 | 其他 | | 符合年代 ▷ | 江户前期 | 江户中期 | 江户后期 |

 **不分身份地位的"惠比寿讲"
是祈求生意兴隆的福神祭典**

每年十月二十日都会为保佑商业繁盛的神明"惠比寿"举行名为"惠比寿讲"的祭典。惠比寿神是七福神之一，怀中通常抱着刚钓到的鲷鱼，因为这样的形象，起初受到渔业相关人士的崇敬，后来演变为促进商人生意兴隆的福神。"惠比寿讲"是从"上方"（江户时代对京都大阪等近畿地方的称呼）传到江户的祭典，现在关西每年仍会举行名为"惠比大人"的祭典，一月九日有"宵戎"，十日有"本戎"，十一日则叫作"残福"。

在关东，虽然不像关西那样到处都有惠比寿神社，也没有整个城市都在庆祝惠比寿祭典，但商人间仍会邀请亲朋好友或熟客到自家宅邸，大手笔设宴款待对方。这天晚上，商家也会请平时只能吃冷饭、味噌汤的员工吃大餐，大家都开心地露出惠比寿般的福态表情。商人家的"惠比寿讲"除了商业人士外

也会请来武士或僧侣。席间有弹奏三味线的女人，或是模仿拍卖的表演桥段，借此炒热气氛。整体来说，是场不分身份高低的活动。

有些祭典流行多年，有些祭典日渐荒废。惠比寿讲属于日渐荒废的一种。取而代之的是名为"腌萝卜"的庙会活动，现在每年十月十九日和二十日两天，以日本桥宝田惠比寿神社为中心展开。

"腌萝卜"庙会这一名称的由来，是一种用砂糖与米糟腌制白萝卜的腌制食品，这种酸制食品，原本是在惠比寿讲前一天卖给观光客的东西。惠比寿讲虽是以"鲷鱼"为主角的祭典，但在没有冰箱的时代，鲷鱼很容易腥臭，于是用腌制物"腌萝卜"的香气来掩盖，渐渐形成了卖这种腌制物的市集。现在，宝田惠比寿神社的"腌萝卜"庙会依然摊商云集，吸引了许多游客，每年这天都很热闹。

惠比寿讲与惠比寿神

保佑商业繁荣的福神——惠比寿大人

按照惯例，十月二十日是举行惠比寿讲的日子，江户商家都在这天热闹庆祝。

神无月

霜月

师走

惠比寿大人

七福神之一，深受庶民信仰。形象是抱着刚钓的鲷鱼的老者，原本是渔夫或海运业者信仰的神明，后来演变为保佑商业的福神。

惠比寿讲的情景 | 商人在这天招待众多亲朋好友与熟人熟客，众人不分身份一同宴饮，也会邀请武士及僧侣参加。

宴会的形式是"吃到饱"！有素烧鲷鱼、照烧鲑鱼、味噌汤，还会有甜点、年糕和酒水，大家吃吃喝喝好不热闹。

爱喝酒的江户人太多，致使幕府生产力下降

符合条件者	商人	农民	武士	皇室	其他		符合年代	江户前期	江户中期	江户后期

单身男士太多，江户酿酒都有所限制

虽然现在日本各地都有美味的本地名酒，然而对江户时代庶民来说，只要一提到酒，不是京都伏见就是大阪的池田、伊丹，再者就是有"滩之生一本"之称，享有盛名的兵库滩酒。这些在"上方"（近畿地方）制造的酒会用"菱垣巡回船"或"樽回船"运到江户，据说在船上随风浪摇晃过的酒，风味会更上一层楼，摇身一变，成为美酒。又因为搬运酒下船时可同时眺望富士山，也有"富士见酒"之称。这些从上方地区来到江户的酒，大约于十一月抵达。喜欢尝鲜的江户人当然不会放过这批"初物"，将该年第一批运酒抵达的船称为"新酒番船"，人们会热烈欢迎船只的到来。

如果是已有家室的人，会在结束工作回家后喝酒，配上妻子做的下酒菜从"贫乏德利"（酒行贩卖不到1升的酒时，会装在一种名叫"德利"的酒瓶中）里倒酒到杯子里喝。那个时代，常温酒的数量占绝大多数，不过一些餐馆也会在冬天端出热过的酒。没有结婚的单身男性工作结束后，会在回家路上找个拉门上挂有"酒"字牌匾的店铺，在居酒屋喝两杯。店家门口挂着麻绳编成的门帘，从门帘缝隙间窥看店内情况，忍不住就被吸引入店。另外，路上也会有用扁担挑着酒菜贩卖的小贩，在路边就可享受喝酒的乐趣。

当时的酒多半是被称为"片白"的浊酒，清澈的酒被称为"诸白"，数量稀少，相比之下贵许多。江户人非常喜爱清酒，在水质不佳的江户市街中，许多人以酒润喉，结果喝得酩酊大醉。

第三代将军德川家光于宽永十九年（1642）颁布法令，将酿酒量减少为前一年的一半，并禁止新的造酒业者进入市场。即使如此，民众对酒的需求也没有减少，相较于江户近郊制造的酒1升卖二十至四十文的价钱，伊丹的酒1升要价八十文钱，池田的特上酒要价一百三十二文钱，这些来自关西的酒依然畅销。

从关西运来的酒

受欢迎的酒产地有滩、伊丹、池田

江户时代初期，江户人多半喝靠近江户的伊豆酒，后来，来自关西的酒开始流行。

神无月

霜月

师走

运酒的航线

江户附近的酒
江户附近酿造技术尚未发达，酿造的多为浊酒。

在关西制造的酒
有着精酿口味的清酒，江户人称之为"诸白"。

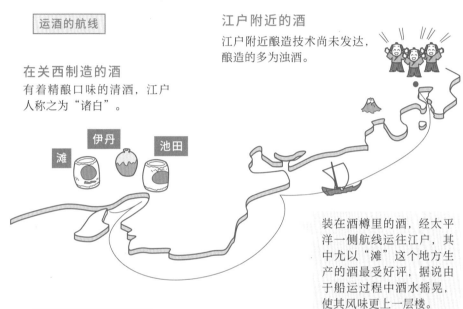

伊丹

滩　池田

装在酒樽里的酒，经太平洋一侧航线运往江户，其中尤以"滩"这个地方生产的酒最受好评，据说由于船运过程中酒水摇晃，使其风味更上一层楼。

运输时使用的船只

樽回船
航行于关西与江户间，用来运送货物的定期船。由于主要运送的货物是装在酒樽里的酒，被称为"樽回船"，早期也会用"菱垣巡回船"（上方江户之间的另一种定期船）运酒，除酒之外，船上还同时载运其他货物。后来速度更快、运费更便宜的樽回船胜出，就取代了菱垣巡回船。

上等的酒有诸白之称，深受人们喜爱！

与古代浊酒不同，爱喝酒的江户庶民非常中意色泽清澈的清酒。

剑菱

特征是拥有清爽的口感，拥有 500 年的酿造历史。

白雪

明治二十九年（1896）年于芝加哥世界博览会上展出时获得金奖。

老松

江户幕府御用酒行中等级最高的酒，也用来向皇室进贡。

正宗

如今的"正宗"已经成为清酒的代名词，可见其受欢迎的程度。

白鹤

宽保三年（1743）创立，培育出专用来酿酒的米——"白鹤锦"。

泽之鹤

享保二年（1717）创立，坚持酿造纯米酒，只用米来酿造酒。

滩

今兵库县神户市滩区至西宫市一带出产的酒。由于强化了运输体制，江户时代后期，江户对酒类的需求有八成来自滩区。

满愿寺

有池田"酒之始祖"的称号，历史悠久的名酒，但在 18 世纪衰落。

李白

由"建屋酒造"出品的酒。

伊丹

今兵库县伊丹市所产，伊丹的酒曾被选为幕府将军的御膳酒。

一鳞

与满愿寺齐名的池田二代酒造"大和屋"出品的酒。

池田

今大阪府池田市，与伊丹齐名，以品质为傲。

活动

现在仍能看见的酒行商标

时至今日，酒行仍然会在屋檐下吊挂用杉树叶制成的球状"酒林"，象征此处卖酒。酒林还被称为"杉玉"。

江户人喝酒的方式

基本上喝常温酒，喝法五花八门

在江户，基本上喝常温的酒。不过冬天寒冷的时候也会喝热过的酒。

容器

一升德利

装在酒樽搬运的酒，在运到酒行后会重新分装，装进这种一升容量的酒瓶贩卖。

二勺杯

江户时代，人们将装在一升大杯中的酒，盛装在这种二三勺的酒碟中喝，是当时最主流的饮酒方式。

一口吞

渐渐地，从用"杯"喝酒，改成用名为"猪口"或"一口吞"的陶制小酒杯。

喝法

铜壶

用铜制成的壶，可放在火盆上加热。

地炉里

把酒装在里面，放入铜壶用火盆加热。

热壶

一般来说江户人喝常温酒或冷酒，中产家庭中流行将装了酒的容器，加热到与体温差不多的温度来饮用。

味酥

烧酒

本直

炎热的夏天，为了消除暑气，人们习惯制作这种饮料。将味酥与烧酒以1∶1的比例混合制成的甜酒。

用油多的冬季
几乎天天发生火灾

符合条件者 ▷	商人	农民	武士	皇室	其他

符合年代 ▷	江户前期	江户中期	江户后期

拼命灭火的男儿
展现了江户人的气魄

江户时代的城镇，木造建筑密集，一旦发生火灾，火势会瞬间蔓延。尤其是在频繁使用蜡烛或以菜籽油点灯的冬季，据说几乎天天发生火灾。

江户幕府首先设置分别由幕府专用、大名专用及町镇专用的消防队。明历大火（1657）烧掉了大半个市区后，又成立了由旗本组织的消防队（定火消）。这之后火灾依旧频繁发生，享保三年（1718），在至今仍为人熟知的大冈越前守（掌管领地内都市的行政、司法的官员）主导下，建立了"町火消"的制度。每个町派出两名熟悉房屋构造的建筑工人，分成几个小组。包括隅田川以西的"伊吕波四七组"（后来改名为四八组）和以东的"本所·深川一六组"

当时的消防员身穿印有各组名字的短袖上衣，每当火灾发生时，位于武家地区的人敲板木，位于庶民城镇的人敲半钟示警。在火灾现场，组里体力特别好的"缠持"会往自己身上泼水，然后爬上屋顶，竖起代表各组的旗印"缠"，除了有"告知此处发生火灾"的警示作用外，也象征"由本组在此灭火"，展现"只要我们在这里立起了缠，就不会让大火越过雷池一步！"的魄力。不过，各组之间为了抢着灭火也会经常发生争执。

爬上屋顶用的梯子，使用比木材更不容易起火燃烧的竹制梯，长21尺（约6.9米）。梯子不直接靠在屋檐上，而是从梯子的四角处，用尖嘴工具"鸢口"支撑，使竹梯保持直立，其他组员也会用同样的尖嘴工具"鸢口"来破坏房屋，借此防止火势蔓延。消防队还会使用名为"龙吐水"的灭火器。"龙吐水"是可装水的长方形木箱，两人交替按压设置于中央的手柄，借以增加水压，水从筒状部分喷射而出。不过，这种方式必须随时补水，使用起来耗时费工，实际放出的水量也不够大。

消防员的装扮

英勇又帅气的江户消防员

江户时代的消防队、灭火员，具有地道江户人天生的壮志豪情，是人称"江户之华"的存在。

装扮

缠持

缠持在火灾现场负责找到立足点，将"缠"立起来。为了确保火势不会蔓延，缠持必须在火星纷飞的火场中负起责任，坚守岗位。

刺子长绊缠

刺子是指在布料上用细线刺绣图案的技法。细密线缝刺过的布料非常扎实耐用，适合用来做成消防员的制服。

缠

和战场上昭示武将所在位置的"马印"一样，"缠"是象征消防队员的旗帜。各组都会设计属于自己团队的徽章，以黑白两色统一。

头巾

防火用的头巾，保护头脸。

鸢口

为了防止火势蔓延，必须破坏起火点旁的房屋，这时使用的工具就是鸢口。此外，鸢口也用来支撑竹梯。

出动时的人员配置

为了避免与其他町镇的消防队起争执，出动时除组员之外，名主或家主也会加入队伍。

平人

普通的消防队员。

町上的名主

名主是江户时代町镇之长。发生火灾时往往一马当先。

家主

家主是土地或房产的所有者，也会穿上印有消防队组名的短袖上衣，带领组员出动。

头

总领消防队的领队。

缠持

手持消防旗帜"缠"的人。

拿梯人

负责搬运梯子到火灾现场的人。

如今七五三节卖的千岁糖
源自江户时代

符合条件者 ▷	商人	农民	武士	皇室	其他

符合年代 ▷	江户前期	江户中期	江户后期

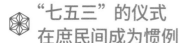

"七五三"的仪式
在庶民间成为惯例

伊莎贝拉·露西·伯德（Isabella Lucy Bird）在明治十一年（1878）出版了采访当时日本各地民俗文化的《日本奥地纪行》一书。她在书中惊讶地写下了"我从来没看过这么疼爱自己小孩的父母"。不过，早在那之前，从江户时代中期天下太平的时期起，庶民之间便已盛行为孩子盛装打扮后前往神社参拜的习俗。

男孩一到五岁，就要穿上袴服，前往神社参拜"产土神"（守护自己出生土地的守护神），称为"袴着之祝"。这原本是贵族与武士家庭的习惯，源自五代将军德川纲吉为长男德松祈求健康的仪式。起初主要在关东各地流行，后来也流传到京都、大阪等地，成为全国性的节日。

到了江户中期，庶民生活逐渐安定，生活余裕之后，商人或工匠家庭也开始为孩子举行这种仪式。每年十一月，在商人家庭会以孩子的母亲为中心，由叔母或奶妈、家仆陪同，带领经常进出家中的工匠及身穿"革羽织"的建筑工人等，一起去神社参拜，祈求孩子健康成长。

在神社购买用来祈愿长寿的"千岁糖"，由浅草的糖果商制作，在那个儿童夭折率高的年代，含有祈求孩童健康的心愿。

现在庆祝七五三的仪式根源，来自男孩女孩三岁时的"发置"（开始留长头发）以及女孩七岁时的"解带"（开始用腰带绑和服）仪式。前往神社参拜后，再轮流到亲朋好友家打招呼，晚上请认识的人或附近邻居到家里举行宴会，并把孩子正式介绍给大家。起初众人只要在十一月各自选择吉日进行即可，后来参拜的日子明定为十一月十五日。每年这天，日本的城镇街头都会出现一群身穿鲜艳优雅和服的孩子，成为冬日特有的季节风景。

江户时代的七五三

庆贺小孩成长的欢迎仪式

在医疗水平尚不发达的年代，小孩夭折率很高，若能存活到某个年纪，家人便会举办盛大的庆祝仪式。

发置之仪

庆祝开始留长头发的仪式，同时也祝贺小孩从婴儿成长为幼儿，祈求孩子的健康与长寿。以前男孩女孩在 3 岁之前都要剃发，3 岁这年的十一月找个吉日开始把头发留长。

三岁

袴着之仪

让男孩第一次换上袴装的仪式，同时祝贺孩子从幼儿成长为男孩。这天会让孩子朝吉祥方位站在棋盘上，从左脚开始套入袴裤。参拜神明，造访亲朋好友，晚上邀请众人在家中举行宴会庆祝。

五岁

解带之仪

女孩在这天之前穿的是幼儿用的附带和服，这天第一次换上必须正式系上腰带的和服，举行从幼儿成长为女孩的祝贺仪式。从这天起，穿和服时就不再使用给幼儿用的辅助腰带（直接缝在衣服上的腰带）。

七岁

在酉之市买熊手耙是江户人的时尚

符合 条件者 ▷	商人	农民	武士	皇室	其他		符合年代 ▷	江户前期	江户中期	江户后期

激烈的杀价对决非常有趣，江户冬日风景之一的"酉之市"

每年十一月酉之日举行的酉之市又称为"酉大人"，是从江户时代开始成为惯例的节庆活动。其由来是南足立郡花又村（今足立区花佃）的大鹫大明神别当正觉院的祭典，祭典上供奉鸡，祈求生意兴隆，招福开运。

这里距离江户城中心有3里[1]（约11.8千米）之遥，农田广布且偏僻，举办酉之市时却是热闹非凡。根据《游历杂记》的记载，往来人群经常将道路挤得水泄不通，进退不得。后来，同样的"酉之市"更遍布江户城的大街小巷。

到了江户后期，浅草下谷的大鹫大明神·别当长国寺的酉之市广受欢迎。这附近有从人形町搬迁过来的吉原游郭，许多游客会先来酉之市参拜后，再到吉原等地方玩乐。为此，游郭会将原本靠近神社一侧不对外开放的门都打开。

元祖酉之市的大鹫神社称为"上酉"或"本酉"，千住的胜专寺（现已废止酉之市）称为中酉，浅草鹫神社长国寺称为下酉或新酉。江户时代只有这三个地方举行酉之市。

说到酉之市，就不可不提名为"熊手"的耙子。江户人认为耙子有"耙来福气"的寓意，为这种熊手耙子加上宝船、小判金币、米袋、鲷鱼、鹤龟、大黑天神、不倒翁或招财猫等装饰。从事不同职业的人可选购不同装饰的熊手耙，例如做餐饮业的人买的是装饰了米袋或鲷鱼的，商人则喜欢买有不倒翁装饰的，象征"跌倒也能立刻站起来"。想增进财运的人买装饰有宝船或小判金币的熊手耙……此外，在酉之市上购买熊手耙还可参加杀价对决，这也是参加酉之市的乐趣之一，在气势十足的讨价声中提出自己希望的价格，经过一番激烈的讨价还价后，店家一说"输给您了"就表示杀价成功。付钱时，有格调的客人会一边说"这是红包"，一边把砍价成功的价差补回去。成功买到的人在回家路上会高举熊手耙，据说这样能招来更多幸运与福气。

1. 日本江户时代，1里约为3 927.27米。

> **酉之市
> 必买商品**

来酉之市买齐年货

熊手耙原本是打扫工具之一，后来被视为"耙来福气"的吉祥之物。

熊手耙

被看作"耙来福气"的吉祥之物，市面上销售的熊手耙会添加许多有吉祥寓意的装饰。

小判

金色小判钱币造型的装饰物。寓意生意兴隆，财源广进。

阿多福面具

阿多福面具又称"御多福"，能招来更多福气。

米袋

象征五谷丰登，米袋越多，就表示家宅越平安，生意越兴隆。

宝船

上面载有米袋、金银财宝与七福神等装饰，是一艘象征吉祥的帆船。

鹤龟

长寿的象征。

大黑天神

七福神之一，福德之神。

八头

小芋头的品种之一。外形很像抬起的人头，象征"出人头地"的吉祥物。一颗八头上会长许多芽，也代表多子多孙。

扫把　　**草席**

日用品

除吉祥物之外，酉之市上也可买到扫把、草席等年底需要用到的生活用品及新年用具。

为筹集社寺修缮费用，
幕府不得不允许相扑比赛

符合
条件者 ▷ | 商人 | 农民 | 武士 | 皇室 | 其他 |　　符合年代 ▷ | 江户前期 | 江户中期 | 江户后期 |

得到庶民压倒性的支持，
几度被禁，最后依然举行

寺庙或神社等建筑需要大量的管理及维持费用，过去经常会靠举行相扑大会筹措资金。相扑大会常在京都、大阪等地的神社寺庙内举行，江户幕府成立后，因为相扑活动的举行时经常引来浪人或侠客，幕府以破坏风纪为由禁止举办相扑活动。

然而，相扑早已普及民间，受到广大庶民支持。在民众的热情支持下，贞享元年（1684）幕府终于准许位于深川的富冈八幡宫举办"劝进相扑"（募款相扑比赛）。明历大火一把烧掉大半座江户城，幕府为了促进深川本所地区的开发，只得再度允许"劝进相扑"举行。此外，失去工作的相扑力士生活贫困，出现了为非作歹之人，再加上富冈八幡宫的社殿被烧毁需要资金重建，这些都是幕府允许重启相扑活动的原因。

之后，幕府官方认可的劝进相扑重启，以富冈八幡宫为首，本所回向院、汤岛天神等寺社都开始举行相扑活动。进入天保年间（1830—1844）后，江户大相扑几乎都在回向院举行，逐渐成为固定于每年春秋举行的活动，直到明治四十二年（1909）两国国技馆设立为止，一共持续了76年。相扑史上留名至今的谷风、雷电等力士，都活跃于这个时期，不过，当时相扑禁止女性观赏，明治时期才解除这样的禁令。

以相扑维生的职业"力士"确立于江户时代，不只如此，在那之前的相扑，原本是由围观人群形成"人方屋"，将力士围在中间竞赛的形式很容易酿成争执或冲突。也是从江户时代起，逐渐发展出和现在一样在土俵上比赛的形式。

除了庶民，相扑也深受各大诸侯喜爱，隶属大名家的力士若在比赛中获胜还能因此提升大名声望。因此相扑竞争渐渐白热化，竞赛活动一场接一场举行。列出力士排名的"番付表"一印刷出来，人们就争相购买，东洲斋写乐或十返舍一九等绘师描绘的"相扑绘"也很畅销。

相扑会场

庶民围在土俵旁观战

相扑、歌舞伎以及吉原游郭并称为江户三大娱乐，深受民众喜爱。当时禁止女性观赏，场内满是血气方刚的男人。

栈敷席

以木板在平地上搭起，高于平地的观众席。座位可在"相扑茶室"（卖座位给观众或提供伴手礼及餐饮的组织）购买。

力士

江户时代中期起，力士确立为一种职业，受大名诸侯雇佣。

土俵

土俵出现于17世纪末，在那之前没有这样的东西。元禄年间（1688—1704）统一为圆形，可视为现代土俵的原型。当时土俵的范围超出柱子外侧。

土间席

近在土俵旁的观众席。比起靠近土俵的土间席，必须通过相扑茶室才能买到的栈敷席价格更贵。

一定要早上四点起床占位置！
看戏是最棒的娱乐项目

符合条件者 ▷	商人	农民	武士	皇室	其他		符合年代 ▷	江户前期	江户中期	江户后期

 全江户都为颜见世演出疯狂，
歌舞伎表演是江户最棒的娱乐

江户三大剧场（江户三座）"中村座""市村座"及"森田座"，都会在十一月一日例行举办"颜见世演出"，介绍今后一年在剧场演出的演员给观众认识。首先，这在天的凌晨2点，会于剧场出入口发表当天的配角，这时便会引发一阵欢呼了。其次，在凌晨4点左右开始连续击打"一番太鼓"与"二番太鼓"，欢呼声转变为骚动声。对庶民而言，剧场的"颜见世演出"是年度重大活动，也是不可或缺的冬日风景。

戏剧演出当天，有钱人可以坐在事先预约的位置上。而庶民为了在普通座位中抢到好一点的位子，很多人天刚亮就起床准备，甚至有前一天先去剧场附近的茶室过夜等待的人。尤其是女性观众，很多人会凌晨4点就起床化妆更衣。剧场上午4点开场、到下午5点关门，看戏对江户庶民来说，是耗时一整天的活动。

一天下来，舞台上演出好几场戏，当中也必须花时间更换舞台装置。这段时间称为"幕间"，观众们利用幕间饮酒或喝茶，也有人吃便当。这时吃喝的东西俗称"果便鮨"，指的是"果子（零食点心）""便当"以及"寿司"。便当多半吃"幕之内便当"，这是一种将饭团、煎蛋、鱼板、煎豆腐、果干等食物放进便当盒里做成的便当。

歌舞伎始于上方（近畿地区），宽永元年（1624）猿若清三郎创立剧场后，瞬间赢得江户人的喜爱，也获得幕府许可，得以举行公演。到了天保十二年（1841），中村座、市村座两剧场因火灾烧毁，推动天保改革的水野忠邦便以破坏风纪为由，试图消灭江户三座。阻止这件事的便是知名的"奉行"远山金四郎，正是他将江户三座集中搬迁到浅草猿若町，建立了"芝居町"（日语的"芝居"指的就是戏剧）。

歌舞伎的舞台与观众席

可自由饮食与交谈的江户观剧形式

武士坐在高处"特等席"，庶民坐在最便宜的席位，吃自己带来的饭团，人人都在各自的位子上享受看戏乐趣。

栈敷

从中世延续到江户时代，比平地高一段的特等席看台。歌舞伎的观众席从江户时期开始分成上栈敷与下栈敷。

罗汉台

只能从舞台后方看出去，最便宜的座位。因为坐在这里的观众看上去类似五百罗汉像，所以有了罗汉台的称呼。

吉野

设置在罗汉台上的栈敷。和罗汉台并列为最便宜的席位，购票者多为庶民、乡民。又称"通天"。

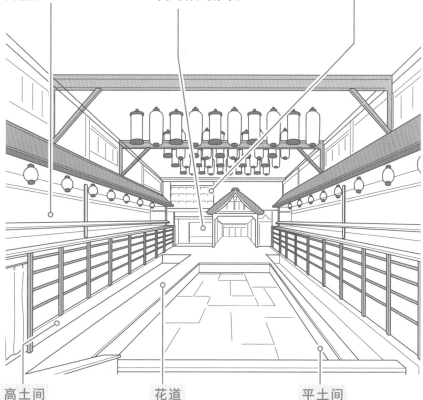

高土间

享和二年（1802），随着中村座的改建，在下栈敷前设置了比土间高一段的席位。

花道

从舞台右侧向观众席突出的通道。于享保时期成为一般舞台都会有的构造，可让人从这里上台，或是让演员在上面走动，展现"步艺"。

平土间

位于舞台正面下方，以方框为间隔的一般席位。为了与"高土间"做区分，故称为"平土间"。

观剧的乐趣之一就是在座位上大快朵颐

剧场一天下来会上演多场戏剧，舞台转换的等待时间很久。观众们便利用这段时间在座位上吃吃喝喝。

何为"果便鮨"？

在平土间看戏的观众，经济能力虽然无法购买上等座位，但至少有能力到茶室买些点心、便当及寿司。"果便鮨"这个名词就是从"果子(零食点心)""便当""寿司"各取一字组成的，吃这些简单食物的观众也称为"果便鮨之客"。

便当

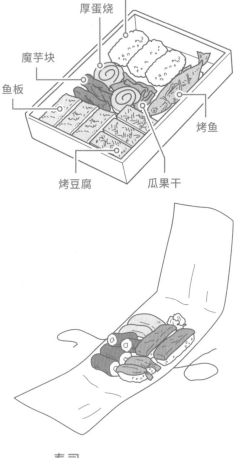

饭团

厚蛋烧

魔芋块

鱼板

烤鱼

烤豆腐

瓜果干

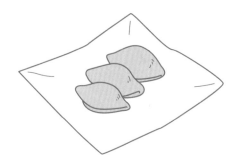

果子
白、红、黄的三色馒头。

拓展知识

外送便当？

戏剧小屋附近有很多茶室，观众们吃的便当或喝的酒，通常都从店里直接送到座位上给客人吃。

寿司
江户市民很喜欢吃寿司，经常吃虾，鲑鱼等的刺身。

歌舞伎的种类

江户歌舞伎与上方歌舞伎

以各自的台柱演员"花形役者"为中心，歌舞伎的发展也分成关东与关西，受到两边观众的狂热支持。

荒事

在第一代市川团十郎手中确立，主要形象为征讨敌人的武士，剧目多描写勇猛果敢豪杰战将的故事。眼神夸张，踏着迈开的步伐飞奔于花道上的演出方式深受观众喜爱。

市川团十郎

"荒事"创始者。代代相传至今的"成田屋"第一代，江户元禄时期与坂田藤十郎齐名的知名歌舞伎演员。在动机不明的情形下，被同为歌舞伎演员的生岛半六刺杀，死于舞台上。

和事

在第一代坂田藤十郎手中确立，以游女悲伤恋情等情节为主，着重描绘纤细情爱的作品。登场男性角色温和高雅的形象，最受观众喜爱。

坂田藤十郎

"和事"创始者。与市川团十郎齐名的知名歌舞伎演员。同以《曾根崎心中》等作品出名的近松门左卫门合作，使歌舞伎表演发展出以对话为中心的写实剧。

冬季是江户的观光季，樱花团子是最推荐的伴手礼

符合条件者	▷	商人	农民	武士	皇室	其他		符合年代	▷	江户前期	江户中期	江户后期

 **前往伊势参拜途中，
顺道购买最新商品或伴手礼**

稻米收获期结束后，各地民众开始外出或前往其他地方旅游。背井离乡工作的人回乡或前往伊势参拜的人在回家途中，总会以"人生中总要造访一次江户"为借口，来一次大都会观光的行程。因此，这一时期的江户总是很热闹。

来江户观光的人最喜欢去的景点有作为德川家菩提寺的增上寺、可看见大名携仪仗出行的江户城、爱宕山、深川八幡及浅草寺等。其中最受欢迎的就是赤穗浪人之墓所在地的泉岳寺。赤穗浪人的故事通过戏剧散播各地，深入民间，浪人们为家主报仇雪耻的故事引发了许多民众共鸣。

此外，人们在旅行途中无法携带太沉重的行李，喜欢挑选故乡不容易买到但又携带方便的东西当伴手礼。其中，吃两碗荞麦面的钱就能买到的浮世绘，最符合上述条件，凭借亲民的价格，成为人们最喜欢购买的伴手礼之一。观光客在前往剧场欣赏歌舞伎或人形净琉璃表演后，顺道在当地书屋购买与歌舞伎内容有关的浮世绘。此外，浅草雷门附近卖的浅草海苔也是销量很好的伴手礼。

另一项受欢迎的伴手礼品是桌游"双六"。《新版御府内流行名物案内双六》会介绍江户特产以及新流行的美食等，其中还有对营业至今的酒行"丰岛屋本店"或贩卖茶叶与海苔的"山本山"等商家的介绍。

长命寺卖的"樱花团子"是一种用盐渍樱花叶包裹的糯米糕点，从江户时代到现代都是广受民众喜爱的伴手礼。最后还有一种令人意外的特产，那就是蔬菜种子。原本就以农业为生的江户时代的人，大概是想把蔬菜带回故乡种植栽培吧。其中尤以板桥的清水村培育的清水萝卜种子卖得最好。带着这些又轻又少见的礼物，人们踏上了去伊势或是回家的路。

人气江户 观光景点

来到江户，该去这些地方走走！

江户是关东的文化中心，造访江户的观光客众多，受欢迎的观光景点也不少。

知名寺庙神社

爱宕山（港区）、浅草寺（台东区）、深川八幡（江东区）等知名寺庙神社深受观光客欢迎。其中，凭借戏剧表演家喻户晓的"赤穗浪人"，其墓碑所在地泉岳寺便成为最受欢迎的观光景点。据说来江户旅游的人一定会前往泉岳寺一游。

芝居小屋

前往剧场"芝居小屋"欣赏歌舞伎或人形净琉璃表演也是旅游江户的乐趣所在。元禄年间(1688—1704)，江户就有猿若座（日本桥人形町）、市村座（日本桥人形町）、森田座（银座）与山村座（银座）四个剧场。

吴服屋

吴服屋是卖织品或布料的商店，位于现在日本桥附近的越后屋、大丸、白木屋等都是受欢迎的吴服屋。进入 20 世纪后，不少吴服屋变为百货公司，生存了下来。

111

大扫除的最后，
以"抛人"作为结束仪式

符合 条件者 ▷	商人	农民	武士	皇室	其他		符合年代 ▷	江户前期	江户中期	江户后期

结束大扫除那天晚上，
就算出门玩乐也没关系

每年十二月十日左右，江户城内便能开始听见"扫除厄运，扫除厄运"的叫喝声。这是商人叫卖"煤竹"的声音。煤竹是带有竹叶的竹竿，大扫除时用来抹去烟囱等地方的烟熏痕迹或高处堆积的灰尘。在江户时代，每年十二月十三日是使用煤竹大扫除的日子。这个叫卖方式源自室町时代京都的"艺商人"，江户则是一年到头都听得到小贩沿街兜售纳豆、豆腐、风铃、浅蜊和金鱼等商品的叫卖声。

原本，江户城里的后宫"大奥"自宽永十七年（1640）后，就开始将十二月十三日定为大扫除之日。早在这天之前，后宫各室即已着手打扫，这天则是扫除正室居所"御在所"，完成最后大扫除的日子。后宫扫除时不使用煤竹，用的是鸟羽做成的"天井拂"。结束打扫后会举行收纳庆祝的宴会，吃小芋头、红白萝卜、牛蒡、烤豆腐、煮小鱼或盐

鲑鱼刺身等，也会喝酒庆祝。宫女们之间有着奇妙的风俗习惯，在齐唱"可喜可贺的若松大人"后，众人抬起伙伴往上抛举并接住。日本各地都有在除厄仪式后，将遭逢厄年的人抬起来抛举的习惯，这个习惯或许和卖煤竹的小贩吆喝"扫除厄运"有关。

宫女"抛人"的习惯渐渐流传入民间，乡镇上的居民也会在结束大扫除后喝酒，吃荞麦面或喝鱼汤，抬起一家之主的抛举祝贺。

这天晚上，商家允许家中仆人或员工喝酒，也会让他们能早点上床睡觉。不过，年轻的员工或许会马上就寝，但年纪较大的店员则会在夜里出游，到街上找乐子。只有这天晚上，雇主对这些玩乐行为才会睁一只眼闭一只眼。大扫除这天将家中打扫干净后，年末的工作只剩下等待"岁之市"开张，购买正月要用的年货即可。

神无月

霜月

师走

江户的大扫除

年底忙得不可开交！全家总动员大扫除

在没有吸尘器也没有扫地机器人的江户时代，大扫除是必须全家齐出动的例行公事。

晒榻榻米

抬起榻榻米，堆在路旁晒太阳，避免潮湿发霉。榻榻米从江户时代后半进入庶民日常生活，长屋里的榻榻米多半不是房东买的，住进去时房客得自己准备。为了延长使用期限，一定要仔细晾晒打扫榻榻米。

使用扫帚

扫帚很适合用来打扫榻榻米，能轻松扫出灰尘，是常用的扫除用具。卖扫帚甚至独立为一种行业，可见扫帚是庶民打扫时的必需品。

整理柜子、架子

把柜子或架子上的日常用品全部搬下来，擦拭打扫柜子和架子。

扫除煤灰

"煤竹"是留有竹叶的竹竿，用尖端的竹叶抹掉高处的烟熏痕迹，也可蹭掉高处的灰尘。煤竹商人每年十二月十日左右开始沿街叫卖煤竹。

113

十二月（师走）　没有年糕就没法过年！年糕是年底的必备品

符合条件者 ▷	商人	农民	武士	皇室	其他

符合年代 ▷	江户前期	江户中期	江户后期

在活力十足的呐喊声中振奋人心地捣年糕

十二月过了差不多一半时，江户城的市街或巷弄中，处处可听见活力十足的捣年糕吆喝声。由于二十九日的"九"在日语中与"苦"同音，人们通常不会选在这天捣年糕。但是，如果拖到除夕当天才捣年糕，捣好的年糕就成了"一夜饼（只能摆出来装饰一天）"，这样太不吉利，所以会在除夕之前几天提早捣年糕。

元禄时代以前，捣年糕的工作只由男人负责。到了安永天明年间（1772—1788），男人持杵、女人揉饼的分工合作形式才固定下来。原本捣年糕并切成方形是家中持有多名用人的富裕商家才有的习惯，一般庶民都是请年糕店帮忙准备年糕。

话虽如此，为了应对过年所需，过年期间年糕店也很忙碌，经常拒绝帮忙制作年糕。这种时候，民众就得请从事建筑业，平常就拥有釜、臼、杵及蒸笼等工具的匠人，带上制作年糕的工具来自家门前捣年糕了。这种年糕称为"引拖年糕"，家家户户门口传出精神抖擞、振奋人心的吆喝声，甚至吸引了不少富裕商家也来委托。

到了除夕当天，"岁之市"上的镜饼年糕或伸饼年糕就会降价贩卖。镜饼源自平安时代，《源氏物语》中就有"三五成群，庆祝牙齿变得坚固便取出镜饼年糕来吃"的描述，可见装饰镜饼有祈求长寿的意思。

这天，庶民家中也会开始准备制作年糕汤，先外出购买所需的食材，过滤出高汤，把烤好的年糕放进去，再加入香菇、蒲鲜鱼板、鸣门卷鱼板，最后再放上水煮过的小松菜以及海苔。

正月前三天多以年糕为主食，连现代人都常因此吃腻，留下"松之内（一月十七日的新年期间）才知米饭香"等令人有所共鸣的川柳（日本的一种歌词形式）。

捣年糕的情景

从年底到新年，年糕是过年期间的必备品！

从十二月二十二日左右，到三十日为止，人们连续熬夜捣年糕。年糕是过年时不可或缺的东西。

神无月

霜月

师走

江户人吃角饼（方形年糕）

从前的江户也吃丸饼（圆形年糕），但随着人口增加，为了方便一次制作大量年糕，切成方形的"角饼"愈来愈普及。

男女搭档组队捣年糕

元禄年间（1688—1704）捣年糕普遍还是男人的工作，到了安永天明年间（1772—1788）演变为现在大家熟悉的男人持杵，女人往糯米粮内加水搓揉或翻面的"男女搭档"形式。

获得年糕的四种方法

① 在自己家捣年糕。
② 跟年糕店订购。
③ 委托城镇里捣年糕的人帮自己做。
④ 去"岁之市"采购。

旧历的江户时代，除夕和节分竟为同一天

符合条件者	商人	农民	武士	皇室	其他

符合年代	江户前期	江户中期	江户后期

 ## 节分除厄
悠哉度过除夕

江户时代，人们有时会在除夕这天进行节分的节庆活动。这是因为当时人们使用旧历（见前言 4-7 页），旧历是一套建立在闰月与二十四节气基础上的历法。

事实上，作为季节更迭之际的指标，立春、立夏、立秋、立冬的前一天都称为节分。只是立春正好四季轮替了一次，令人印象特别深刻，随着时代变迁，渐渐只有立春前的节分为人所熟知了。明治时代开始施行新历后，立春移到二月，原本旧历里的立春却多半在年底或年初，江户时代的节分甚至有与除夕同一天出现的年份。于是，以月亮为基准的阴历和以太阳为基准的二十四节气同时迎来新的一年，导致两套历法中的节庆活动渐渐混乱。例如过年吃荞麦面的习惯，原本是节分当天的节庆活动，从明治时代之后，开始演变成除夕夜吃荞麦面的习惯。

节分这天，人们会将烤过的沙丁鱼头插在柊树枝上，放在门口当装饰。和现代人一样，江户时代的人也会一边喊着"鬼在外，福在内"，一边撒豆子。这种"驱鬼"的行为，正可说是一种除厄仪式。到了夜晚，寺社举行"追傩式"及"厄神祭"等仪式，"追傩"是宫中驱鬼除厄的仪式活动，也是民间撒豆驱鬼仪式的原型。人们认为举行过这些仪式后，就能去除灾厄，送走旧的一年，怀着崭新心情迎接新一年的到来。江户时代节分多半出现在年底，除厄仪式也就成了人们在新旧年交替之际的一大节庆活动。

此外，一进入十二月，名为"节季候"的"门付"（街头表演艺人）就会开始出现在家家户户门口，表演才艺收取报酬。事实上这也是除厄的一种，以几人为一组的艺人唱着"节季候、节季候"，换取白米或钱财等打赏。

等一连串节庆活动顺利结束，人们完成除厄，江户就此迎向一年之终。

除夕与节分

过年和节分是同时举行的活动?!

使用旧历的江户时代,节分与除夕日期重叠的年份还不少。

浅草岁之市

到了十二月,知名神社会举行总结这一年的"缘日"市集,又称为"岁之市"。市集里贩卖各种过年期间会用到的东西,例如注连饰[1]、神棚等正月用的居家装饰,或是羽子板、彩球等正月玩具,还有做年菜用的食材、吹火用的竹筒、牙签等日用杂货。

注连饰

神棚

羽子板

吹火用的竹筒

彩球

节分活动

将烤沙丁鱼头插在柊树枝上,摆设于玄关当装饰,有除厄的作用。此外,为了赶走邪气,会请那一年的年男换穿上下成套的正式和服"袴"来撒豆。每个人捡起与自己岁数相同数量的豆子吃掉。

年男
与该年同一生肖的男人。

1. 又名注连绳或七五三绳。一种用稻草编成的绳子,日本神道教中用于洁净的咒具。

江户时代

面临新年交替之际，人们总是过得很忙碌。江户时代的人也和现代人一样，有许多活动和必须要做的事！

江户时代	主要节庆与活动

冬季
旧历十月

神无月

早晚温差大
一脚跨入冬季的月份

赏红叶
红叶的季节，观光客纷纷前往品川海晏寺等受欢迎的赏红叶胜地。

"腌萝卜"庙会
惠比寿讲前一天晚上，于大传马町举办的庙会，贩卖腌制的酸萝卜。

惠比寿讲
二十日时商人们就会举行"惠比寿讲"，请惠比寿神保佑生意兴隆。

旧历

冬季
旧历十一月

霜 月

逐渐寒冷
下起霜雪的月份

鞴祭
本月八日的节庆活动。铸铁师、铸造师、饰品制造等工作上用得到"鞴"（促进火力的鼓风机）的工匠们，会在这天清洁自己谋生的工具，加以祭祀。

隅田川开川
十五日，是庆祝小孩成长的"七五三"节。男女三岁举行"发置"，男孩五岁进行"袴着"，女孩七岁开始"带解"等仪式。

冬季
旧历十二月

师 走

一年的尾声
"连师匠都忙得四处
奔走"的月份

扫除煤灰
扫掉天花板及墙壁上去年的煤灰，是年底的一大例行公事。

除夕夜钟声
一过深夜十二点，佛教寺院有敲响108次钟声的习俗。在佛教思想中，108是烦恼的数量。

活动日历

冬季篇

现代	比较与考察

秋季

10月

秋意渐浓
行道树也染上了
秋色

进入10月后，政府机关与学校都会将夏季制服换成冬季制服。10月31日的万圣节来自欧美国家，受到现代日本人喜好，年年盛大庆祝。

新历

秋季

11月

秋风吹落枯叶
天气正式变冷

秋风吹落枯叶，季节逐渐从秋季往冬季转移。依照新历，本月7日左右将迎来立冬。这个月也会庆祝七五三，举行贩卖熊手耙等吉祥物的"酉之市"。

冬季

12月

忙不完的季节活动
一年的总结

年底人们忙着寄送贺年卡、冬至洗柚子澡来欢庆欢度圣诞节。此外，每年这时候也是大扫除和结束一年工作的时期，在各种节庆活动中匆匆忙忙度过。和江户人的"师走"一样，12月对现代人而言也是忙碌的一个月。

儿童口中的"智仁武勇"
源自江户时代

给河童小黄瓜，就能避免水祸

为了躲过疾病灾厄，江户时代的人们经常借用神佛的力量"咒语"。咒语也可说是咒术的一种。举例来说，古时如果有母亲挤不出母乳，就会走到桥上，用手抚摸状似乳头的桥栏装饰"拟宝珠"，家里来了久坐不走的客人时，人们会把扫把倒过来放，再拿擦手巾披在扫把上。这些都是日常生活中常见的"咒术"，江户时代流传许多这类民间习俗，内容五花八门。

比如将小黄瓜放入河川，送给河童，就是一种能免于遭遇水祸的咒术。头痛时拿菖蒲叶做成的箭矢插在头发上，又是另一种消除头痛的咒术。现代人仍经常挂在嘴上的"智仁武勇"，就是打从江户时代起家喻户晓的咒语。晴天娃娃也是类似咒术之一，江户时代的人已经会将晴天娃娃挂在屋顶下，祈求雨过天晴。

第五章

一整年的各色活动

除了按照季节进行的节庆活动外，江户人也有一整年都在进行的各种娱乐与文化活动。人们去"见世物小屋"参观，出门旅游，探索美食，发行类似现代报纸的"瓦版"读物……通过本章深入了解江户人平时热爱的娱乐活动，想必能更加理解古人的日常生活。

有假货，有哄骗，看了让人吓一跳的见世物小屋

符合 条件者 ▷	商人	农民	武士	皇室	其他

符合年代 ▷	江户前期	江户中期	江户后期

就算被骗也能微笑面对，这就是江户人的真性情

寺庙、神社举办祭典时，区域内都能看见江湖小贩摆出各种吸引参拜者的露天摊位。"见世物小屋"就是其中一种。小屋内的展示品大致可分为三种——手工类、杂技类、弹奏类。街头艺人们独奏乐曲，或是展示雕龙手工、贝壳手工、捏人偶以及奇珍异兽，当街表演杂耍来吸人眼球。其中，宛如现代马戏团空中飞人的特技表演、魔术表演等还算是正常的表演。

手工艺品的展示物中，有以外国人为题材的竹编工艺品手工，或栩栩如生的人偶。用大象、骆驼或豹等当时日本罕见的动物作为主题的艺术品也不少，人们经常排起长队，等着欣赏这些有时令人看了心生畏惧的工艺品。

然而，这些展示物里，却也不乏欺骗客人的东西。例如，号称屋内有"举世罕见的巨型鳗鱼"，客人支付门票钱后，进去一看才知道只是在小屋里挖了个大洞，再放上小孩子造型的人偶，用谐音字组合成的"大穴子"[1]。这种玩文字游戏的手段还不少，例如还有在大块木板上用血红的颜料写着"大黄鼬"吸引观众。然而，要是为了这种小事生气，可就有损江户人名声了，在那个时代，人们即使上当也会一笑了之。

和现代人喜欢的游乐园里的"鬼屋"有异曲同工之妙的"妖怪屋"，也是见世物小屋的一种。江户时代的妖怪屋里，除了有用机关人偶打造的妖怪外，还有假装生食动物内脏扮演"鬼娘"的人，或是在竹枝绑成的支架上贴薄纸做成的"巨大蛇妖"等。昏暗的小屋里，光是这些机关道具就足以挑动游客紧张害怕的神经。

见世物小屋的另一个卖点是"自然奇物"，起初确实只是想用猎奇的东西激发人们的好奇心，后来才渐渐夸张起来。随着时代变迁，这类特殊展演不再符合风俗民情，见世物小屋这个行业也就逐渐衰退消失。

1."大穴""子"两词组合后的读音与"鳗鱼"相同。

见世物小屋的外观

激发路过行人的好奇心

在见世物小屋入口揽客的人，一开口便是天花乱坠的言辞，总能巧妙地勾起人们想一窥究竟的好奇心。

展示物的招牌

挂上画有展示物内容的招牌，表示这间见世物小屋目前正在进行哪些展示。

在神社内摆摊

神社内举行祭典仪式时，就会出现几间见世物小屋。因为可以用便宜的价钱看表演，见世物小屋也成为许多来参拜的人期待的重头戏之一。

在简易小屋中举行活动

用粗圆木组成小屋，上面覆盖草席的简易小屋。

揽客

负责揽客的人，一般能说会道，吸引人们前往小屋参观。虽然会有些骗人的揽客手法，但因为情节轻微，所以不会被追究责任。

各式各样的
见世物艺人

诞生于江户的各种街头表演

包括 "曲艺" 及 "短剧" 等，见世物的演出中有不少表演技巧高超的演员，当然，也同时存在欺骗观众的表演行为。

见世物舞台

见世物艺人

以日常生活中看不到的新奇表演或奇妙演出取悦观众的艺人，但也有让女性和小孩心生恐惧的恐怖表演。

主持人

在艺人出场前炒热气氛，或和艺人一起上台，介绍演出内容。

各式各样的见世物艺人

蛇女

放蛇在身上爬行，表演。原本多半是游女，有人会打扮成花魁模样。

鬼娘

在观众面前吃掉内脏的恐怖表演。据说实际上使用的是鸡内脏。

各种骗人的见世物

只要有一身才艺就能生存下去的江户社会

江户时代是大众娱乐的全盛时期，不仅在江户，街头艺人还在京都、大阪、名古屋等城市讨生活。

冷笑话

被人类抓到的河童

号称"抓到罕见的河童"在小屋中展示，吸引游客进去参观，进入后才发现只是抹了油的雨衣（日语中"雨衣"与"河童"发音相近）。江户人很容易被巧妙的谐音或文字游戏欺骗。

巨型鳗鱼

进入小屋一看才发现，原来揽客人口中"举世罕见的大鳗鱼"，只不过是挖一个大洞穴，在里面放上小孩子造型的人偶，玩了"大穴"和"子"的谐音游戏。

设置机关

六尺长的大黄鼬

号称"抓到了六尺长的大黄鼬"，客人被这番说辞吸引，走进小屋一看，原来只是在雨窗板上涂抹血浆（日语中"大黄鼬"与"大板上的血"发音相近）。

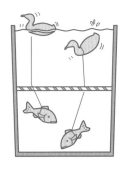

揽客的人说"木头做的水鸟真的会游水"，说动客人买下写了"制作木头水鸟方法"的纸。乍看之下，木头做的水鸟浮在水面，好像真的会游水，其实是用绳子在下面绑活鲫鱼的简单机关。

参拜的同时也想去观光！
一石二鸟的江户式旅游

符合条件者 ▷	商人	农民	武士	皇室	其他		符合年代 ▷	江户前期	江户中期	江户后期

徒步式的江户旅游
江之岛已是人气观光胜地

江户时代各地设有关隘，有句俗语叫"入铁炮出女"。"入铁炮"指的是严格管制枪械铁炮进入江户，当然是为了预防叛乱。"出女"则是为了防止被带到江户当人质的大名的妻女潜逃回乡，对离开江户的女性进行严格调查。

当时的江户，对人口移动有着严格的限制。即使只是一介庶民，想外出旅游也得先向町名主（管理掌控整个町的官员）提出申请。申请时，必须清楚说明目的地、旅游目的和旅游时间。尽管如此，任何事都有办法钻漏洞，只要以参拜伊势神宫的名目申请旅游，很容易就能获得许可。人一旦出了远门，顺道去个温泉或其他观光地也是人之常情。

有这样一个地方能同时满足信仰与观光双重目的，距离还不太远，出门一趟能在两三天内回来，深受江户人的喜爱，这个观光胜地便是江之岛。就算到了现代，江之岛也是最适合东京人出门旅行的地点。江之岛的江岛神社每逢巳年与

亥年就会举行"开龛仪式"，每隔六年一次，民众能在此目睹平常看不到的弁财天神像。此外，去江之岛还可顺道前往镰仓或金泽八景观光，或是到远一点的箱根去旅游也很不错。

根据旅行时间与目的地的不同，江户人旅行时往往得准备许多用品。身上穿的日式细筒裤、绑腿、草鞋是最基本的出行装扮，此外还得带上换洗衣物。防晒用的斗笠、下雨天穿的雨衣也是必需品。还要携带钱包、扇子、药品、灯笼、蜡烛等日常用品，打包成一个大行囊。双肩抬起前后各一个装了行囊的小型柳条行李箱，就这样踏上旅途。

江户时代人们的平均步行速度很快，据说一天可走7～15里（27～59千米）。在东海道一带，以日本桥为起点，走到京都的三条大桥，距离大约是120里（约471千米）。这么远的路程，当时的人差不多15天就能走完。

| 江户人的
旅行装扮 | 这就是江户人的旅行造型
**旅人的固定装扮，因为险峻山路以及长途旅行可能遇上
危险。** |

斗笠

防晒用的斗笠，为了保持体力，防晒用品是必须的。下雨时还能避雨。

手拭巾

与如今的头巾类似，女性多将其裹在头上。除了具有吸汗的功能外，还因为有多种颜色和纹样，能满足时尚需求。

柳条包

方便随身携带衣物以及小物件的柳条编织包。也有竹编或藤编的种类。

防尘衣

多为女性穿的上装。为了不弄脏和服，在外面穿上防尘衣，天冷时兼具防寒功能。

雨衣

旅人的上衣，用来遮风避雨。多以木棉缝制，颜色为深蓝色。里面缝上防水桐油纸。

护腿

穿在小腿上防止杂草或树木刮伤腿部。当时的旅人多半都会穿上贴身的下装，再套上护腿。

旅行中的用具

短小精悍的旅行装备

江户时代庶民间流行外出旅行，因此产生了不少方便携带的旅行装备。

柳条包内的物品

行李箱里放的东西，除了换洗衣物，还有零钱包、笔记本等随身携带的小东西。重量轻又坚固耐用的柳条行李箱功能性强是旅游时不可或缺的用具。

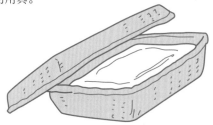

墨具

成套的简易笔墨。就像现代人带钢笔一样，这种能随身携带的文具对江户人来说也非常重要。

印笼

装药的小盒子。附有挂带，可将印笼挂在腰带上随身携带。

小田原提灯

为了让在东海道旅游的人安全走过箱根夜路，这种提灯就此诞生。蛇腹形的设计可压扁携带，减少行囊体积，提手部分还用拿来收纳蜡烛。

烟草袋

专门用来携带烟草的袋子。也有能连烟斗一起装的筒状款式。江户人视其为腰间装饰品，外观设计愈独特愈受欢迎。

零钱包

名为"早道"的零钱包，设计成袋状，包上半部的圆筒袋装零钱，一倒转零钱就会掉下来。顶端卷成筒状，可使腰带穿过，随身携带也不怕遗失。

导览与地图

《道中导览图帐》是外出旅行时绝对不能忘记带的必需品。多半以绘图方式呈现，和今天的地图及导游手册功能相似。

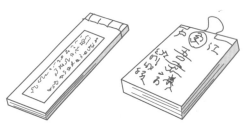

旅行笔记本

江户时代很多人会在旅行时留下名为"道中记"的记录。写下自己旅行中的所见所闻，遇到过什么人或吃过怎样罕见的食物，见过哪些印象深刻的特产等。

受欢迎的 旅游地点	有很多从江户时代至今始终人气不减的观光胜地

箱根、江之岛、伊势神宫等，都是江户百姓向往的旅行目的地。除了泡温泉或参拜等目的外，还可以品尝美食、欣赏美景，享受漫长的旅行。

箱根温泉

从江户或横滨出发的人去箱根很方便，箱根又是能欣赏富士山景色的温泉胜地，成为当时庶民向往的旅游目的地。

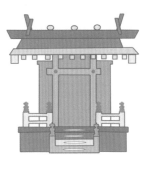

开龛

平常不对外公开的秘佛，特别对大众开放。举例来说，回向院（墨田区）的善光寺如来开龛吸引了1603万人次前往参拜，而当时的江户人口数量顶多100万人。

伊势参拜

前往伊势神宫参拜可说是江户民众的一大风潮。参拜后，很多人顺道造访观光名胜，有些人甚至花上三个月的时间长期旅游。江户时代，有人创立"伊势讲"组织，某些地区的人还会选出代表，用募集来的钱代表众人前往参拜。

江之岛

从江户出发前往江之岛享受三天两夜小旅行，这样的行程深受江户民众欢迎。江之岛也作为音乐与福智女神"弁财天"所在的灵地而出名，因此成为热门景点。许多学习才艺的女性都为了参拜弁财天而前往江之岛旅游。

从摊贩到居酒屋，再到高级料理店！江户外食内幕

符合 条件者 ▷	商人	农民	武士	皇室	其他		符合年代 ▷	江户前期	江户中期	江户后期

随着单身男性数量的增加 对外食的需求也逐渐变多

江户市街上开始出现餐饮店，在明历三年（1657）发生了明历大火之后。包括"参勤交代"[1]制度下独自来到江户的诸国武士在内，当时江户的单身男性越来越多。对外食的需求量增加，道路两旁先是出现挑着扁担卖小吃的小贩，接着又出现餐车摊贩，最后开始有了餐饮店。

在江户，受欢迎的食物有荞麦面、寿司、天妇罗和烤鳗鱼等，这些都曾是路边摊贩卖的食物。原本江户人吃的是荞麦糊，后来切成面条食用的荞麦面才出现并成为主流。每到夜晚，卖荞麦店家的吆喝声也会出现。

寿司也是广受喜爱的食物。初期是在盐渍过的鱼肚中塞进米饭，用重石压在上面发酵为"驯寿司"。因为发酵过的气味太重，有人喜欢有人无法接受，一度演变为在米饭里加醋搅拌后，只用重石压一个晚上的"早寿司"。最后，只需在醋饭上放生鱼片就能快速完成的

"手捏寿司"出现，并流行起来。

天妇罗给人的印象是在室内吃的东西，然而，江户火灾多发，必须油炸的天妇罗其实禁止在室内售卖。另外，江户也很流行把天妇罗或蒲烧鳗鱼放在装了米饭的碗里，贩卖盖饭。

据说，江户的外食餐应始于浅草寺门前卖的奈良茶饭（一种炊饭，奈良的本地料理）。此类餐饮的形态类似现代的定食屋，采取简易的堂食形式，又称为"一膳饭屋"。

当时居酒屋只卖酒，不卖下酒菜。于是出现了专卖配菜的"煮卖屋"或"煮缔屋"。这种店对不知下厨为何物的单身男性而言，可说是非常宝贵的存在。外食产业持续发展，料理屋、茶室或高级料亭相继诞生。庶民可以随意前往路边摊或小料理店订购外食，另一方面，注重形式，讲求派头的武士或富裕商人就去高级点儿的餐厅。配合各自的身份地位，所有江户人都享受起外食的乐趣。

---

1. 轮流至幕府供职的制度。

江户的饮食产业

饮食店文化在江户形成

居酒屋与路边的小吃摊在江户时代诞生。其中最受百姓喜爱的"四大名食"为寿司、天妇罗、鳗鱼和荞麦面。

居酒屋的景象　起初是酒行在店内供应酒，后来渐渐形成居酒屋。最初，居酒屋中的店员都是男性，也不提供下酒菜等食物。居酒屋在单身男性特别多的都会区生意特别好，同时也出现了专门提供配菜的"煮卖屋"或"煮缔屋"

小吃摊的人气食品

天妇罗

用竹签串起的炸天妇罗，给人"吃点心"的感觉，庶民经常随手买来吃。拿来炸的食材有海鳗、鱿鱼、斑鰶等，多半是江户近海常见的鱼类。

蒲烧鳗鱼

诞生于小吃摊的名产。在江户时代中期之前，鳗鱼仍以盐烤或味噌烧烤的方式为主流。元禄时期开始淋上重口味的酱油，蒲烧鳗鱼成为深受庶民喜爱的食物。

早寿司

最初因为鱼腥味，寿司不太受欢迎。后来发展出只把鱼片放在醋饭上压一个晚上的早寿司，最后使用新鲜生鱼和米饭捏成的手捏寿司就此诞生。

从嗜好品到日用品，什么都卖的小贩是移动的便利店

兴趣爱好

符合条件者 ▷	商人	农民	武士	皇室	其他		符合年代 ▷	江户前期	江户中期	江户后期

街头小贩配合季节做生意
夏天跟冬天售卖商品不同

如今在街道边随处可见便利店，无论是日用品还是嗜好品都能轻易买到。江户时代，发挥类似便利商店作用的就是挑着扁担贩卖商品或提供服务的街头小贩，以及各种移动店铺。江户街头随处可见各式各样的路边摊贩。

为了吸引客人上门，小贩们多半有独特的叫卖口诀或广告歌谣。其中最具代表性的例子就是卖豆腐或卖纳豆的小贩。在还没有手表的年代，街头小贩的叫卖声也起到了报时的作用。

卖鱼和蔬菜的街头小贩除了在大街叫卖，还会深入小巷。卖鱼的小贩还会应客人要求帮忙切鱼，没法自己开蔬果行的菜贩用沿街叫卖的方式兜售商品。庶民还能从街头小贩那里买到日常生活用品。江户庶民惜物爱物，即使东西用坏了，也倾向修好再用。因此，街头小贩中不乏帮忙磨菜刀、锯子和剪刀的研磨屋，也有专门修理锅、水壶的"铸挂屋"。

贩卖这类日常用品的街头小贩整年都可看见，除此之外，也有配合不同季节贩卖的商品。这些季节性商品一出现在市面上，便等于告诉人们"新的季节到来了"。例如元旦来临前，街上就能看到"卖宝船图的小贩"，宝船上载七福神的挂画或摆件等，是能带来好兆头的商品。想在新年初梦里梦到好东西的庶民们往往争相购买这类东西。此外，三月到四月会有卖新苗的小贩，贩卖小黄瓜、茄子、南瓜及牵牛花的幼苗。

到了初夏，伴随清凉的风铃声，卖风铃的小贩开始现身街头，推着挂满风铃的摊车。七夕有卖竹竿和蚊帐的，这些小贩都成为人们熟悉的夏日风景。也有卖金鱼或昆虫等活物的小贩。寒冷季节里，兜售甜酒酿或红豆汤的小贩出现。热腾腾的红豆汤夏天销路不好，卖红豆汤的小贩到夏天就改卖凉粉（将做乌冬面的面粉揉成面疙瘩，水煮过后淋上糖水的甜点）。

看戏

旅行

兴趣爱好

公共设施

娱乐

生活风格

卖食物的小贩

当季食材最受庶民欢迎！

江户时代，街头小贩会兜售各式各样的食物。小贩常以显眼的装扮或巧妙的话术吸引路人。

卖新海苔的小贩

刚从近海采到的当季新鲜海苔一到货，立刻就有小贩挑着扁担上街叫卖。寒冷时期采收的新海苔香气十足，滋味醇厚，是当时的人气商品。

卖白酒的小贩

在街头贩卖白酒的小贩。把酒装在碗里，供应给搬运工或工匠，客人站在路边当场喝起来。有些小贩还会打扮成歌舞伎演员的样子，吸引行人驻足。

卖辣椒的小贩

辣椒形状的容器里，放着一小包一小包的辣椒粉。这是在辣椒粉里加入山椒粉、黑芝麻粉等七种原料的香料。有些辣椒小贩还会因应客人喜好调整配方比例。

卖鱼摊贩

带着从日本桥的鱼市场进货的鲜鱼，家家户户兜售。如果客人提出要求，也会帮忙杀鱼切鱼。小贩若是无精打采，会给客人"鱼不新鲜"的印象，所以卖鱼小贩往往头上缠着头巾，精神抖擞，动作利落。

日用品小贩

论斤计两，只买需要的量

从日常生活必需品，到追求时尚的流行服饰，街头小贩什么都卖也不足为奇。

卖收纳盒的小贩

"文库"是一种绘有家徽、用来装书的箱子，江户时代的人多用来收纳戏剧本、通俗小说等大众读物或日历，有时女性也会用来装首饰。

卖零散布料的小贩

贩卖裁制和服时剩下的碎布头、剩余布料。贩卖方式是将布料挂在扁担两端，沿街叫卖。因为价钱便宜，深受女性喜爱。

卖油的小贩

把油装在桶里贩卖的商人。从灯油到食用油，各种油品都有，以扁担挑着沿街叫卖。买油的客人会自己带容器来装。

卖酱油的小贩

把酱油或盐、调味料等装在桶里，用扁担挑起沿街喊着"酱油喔，酱油"。卖的时候称重卖，有时也卖酒。

134

还有卖这些东西的

情书、昆虫也能当作商品

除了食物和日常用品，街头还有一些商贩售卖奇特的物件。他们的身影成为四季的风景，深受民众喜爱。

卖风铃的小贩

在摊子上挂大量风铃四处叫卖。球状的风铃发出清脆的声音，受到这股清凉感的吸引，很多江户人忍不住就买了。

卖"悬想文"的小贩

所谓的"悬想文"，简单来说就是用情书形式写成的祈福文，买悬想文的人希望借此讨个吉利，获得良缘。每年正月都会有穿上白衣的年轻人，将悬想文绑在梅枝上兜售。

泡泡屋

用无患子的果实煮成液体沿街叫卖的小贩。这种植物果实煮制的液体就像现在的泡泡水，用管子一吹就能变成泡泡飘浮在空中，很讨小孩子的欢心。

卖昆虫的小贩

以铃虫、螺蜂、金龟子、萤火虫等虫类为商品。江户时代庶民喜欢在秋天夜晚倾听虫鸣，既有纳凉效果也是一种雅趣。

烟草深受江户人的喜爱

✿ 不分男女，人人烟管在手，随时吸烟

对江户时代的人们来说，一提到"嗜好品"，第一个想到的一定是烟草。桃山时代，葡萄牙人将烟草带到日本，日语中烟草的读音"TABAKO"也正来自葡萄牙语的烟草一词，即"TABACO"。江户初期出现了烟草店，吸烟的习惯瞬间传播到大众。

然而，当时房屋多为木造，天干物燥容易引发火灾，使江户人比现代人更注意防火安全，因此烟草被视为大敌，幕府曾多次颁布禁烟令，可惜毫无效果。不仅如此，人们开始对烟管"烟杆（放入烟草的细长管状物）"设计及烟草盆等吸烟器具的设计和选材讲究起来，只要是出自一流工匠之手的器具，即使造价昂贵也大受欢迎。山城、伊贺、丹波等烟草知名产地相继延生，制烟业成为这些地方的一大产业。

同时，江户时代也是饮茶习惯普及的时期。江户初期，庶民所喝的"煎茶"用的是制造抹茶剩下的茶叶，价格比较便宜，颜色也偏暗。到了江户中期，宇治的永谷宗元发明了新的制茶方法，喝茶的主流从此由抹茶转移为煎茶。

除了抽烟、喝茶，江户时代的人们还非常喜欢吃点心。他们通常在下午两点左右吃点心，称为"间食"。这个时段正好是去寺子屋上课的孩子回家的时间，晚餐前先吃点零食垫肚子。吃的东西要看各家的经济状况，不过大多是日式小馒头、大福饼等甜食，或是吃水果当零食。日式点心中最常见的羊羹也是其中一种。初期的羊羹是蒸羊羹，后来才出现用寒天制作的冻凝羊羹。

用杂粮与麦芽糖等做成的粗点心是江户时代庶民及儿童最常吃的下午点心。只有高级点心才能使用白砂糖，普通零食多用黑砂糖制作。

戒不掉的 嗜好品

比酒和茶更流行的烟草

烟草在江户时代初期从葡萄牙传入日本，尽管幕府为了预防火灾严加取缔，但当时日本人的吸烟率依旧居高不下，且不分男女。

看戏

旅行

兴趣爱好

公共设施

娱乐

生活风格

吸烟必备的器具

箱型烟草盆

吸烟时用来点火的器具叫"火入"，用来放烟灰的器具则叫"灰吹"。烟草盆就是用来放置整套"火入"与"灰吹"等吸烟器具的用品。箱型烟草盆最为常见，有钱人还会使用带有漆面或金漆彩绘的豪华设计烟草盆。

火皿

将烟叶点火引燃的部位。细细切碎的烟叶被称为"细刻"，是传入日本后才发展出的独特吸烟方式。随之出现的"火皿"体积也轻薄短小。

烟杆

连接烟管吸嘴与火皿的中间管状部位。身份地位高的武士或富商对烟杆特别讲究，更喜欢购买刀或铠甲工匠制造的昂贵烟杆。

吸口

烟管的吸嘴部位。一般来说，火皿与吸口为金属制，烟杆的原料则是竹子。

"瓦版"便是江户时代的八卦小报

符合条件者 ▷	商人	农民	武士	皇室	其他		符合年代 ▷	江户前期	江户中期	江户后期

保证时事性、速报性的瓦版是江户庶民熟悉的媒体

说到江户的大众传播媒体，就不可不提"瓦版"。瓦版指的是一种通过木板印刷而成的读物，也有人认为它是现代报纸的前身。瓦版又称"读卖"，街头贩卖瓦版的小贩也叫"读卖"。据说瓦版最早发行于江户初期，当时的专题报道内容正是著名的"大阪夏之阵"。

幕府或町奉行等政府机关以发布令的方式传播讯息，除发布令之外的媒体都不算合法。不过庶民依旧争相抢购瓦版，大河剧中也经常能看到"读卖"小贩叫卖瓦版的桥段。不过，这在当时可是未获得官方许可的违法读物。贩卖瓦版的小贩总是两人一组，头戴斗笠遮掩脸部，一人负责销售，一人负责望风。

与现代报纸相比，瓦版比较接近八卦小报，报道内容多半站在庶民的立场，以吸引人们眼球的事件为主。其中最受欢迎的内容当属丑闻八卦、以时事为题材的讽刺文章或真伪难辨的奇事怪谈。

内容种类繁多，正因如此广受大众喜爱。

其中一个最常见的题材是报仇，尤以女性的复仇最受读者欢迎。瓦版最大的卖点就是紧跟时事，快速报道，在那个流行殉情的时代，瓦版积极报道男女殉情的消息。此外，报道大规模地震或火灾时，能快速提供灾难发生时的详细信息也是瓦版的特征之一。例如，安政大地震时，瓦版就曾配合民众需求，报道了各地详细的起火状况。此外，在瓦版上流通的假消息也很多。比如，哪里出现了妖怪或鬼魂等奇闻逸事，这种内容的报道虽然真伪难辨，但读者爱看。

到了幕府末期，包括黑船事件，国内政局动荡等内容也纷纷出现在瓦版上。不过，描绘在纸面上的是争夺宝物玩耍的孩子，借此暗示幕府与维新政府的冲突和戊辰战争的战局。这种趣味性的表现手法，也是瓦版特有的韵味。

吸引人的版面

从灾难速报到妖怪现身的小道消息

起初，瓦版的大多数报道只是空穴来风的坊间传闻。
渐渐地，也开始向民众报道灾害速报以及政局变化。

灾害速报

火灾多发的江户时代，瓦版发挥了
及早发布受灾地区地图，并快速传
递受灾状况的功能。

政治斗争

黑船事件、禁门之变、戊辰战争……尽管仍
在幕府的管制下，但通过瓦版，这类政治社
会新闻渐渐传入民间。

社会讽刺

以孩子相争宝物的图画暗讽幕府军与
维新政府之间的攻防，这一这类讽刺
画也很受读者欢迎。

不问身份"坦诚"相见！
钱汤是成人专属的交际场所

符合条件者 ▷	商人	农民	武士	皇室	其他

符合年代 ▷	江户前期	江户中期	江户后期

江户人就爱洗澡！
一天要洗好几次

钱汤（公共浴池）约于天正十九年（1591），德川家康入主幕府第二年出现。为了洗去从关东山脉上吹入关东平原的尘土，江户庶民逐渐养成去澡堂洗澡的习惯，形成了澡堂普及的基础。

初期澡堂以桑拿为主。很快地，在浴池里泡澡的方式变得更为普遍。一般澡堂中，清洗身体的地方和泡澡的浴池间，有一道名为"石榴口"的隔间。简单来说，"石榴口"是在墙板下方打开约三尺宽（90厘米）的开口，让人蹲低身子钻过的通道，经营澡堂的人想出这个方法，是为了避免蒸气外泄。同时，还能遮挡外部视线。

澡堂营业时间从上午6点到傍晚6点。早上前来的多为下级武士或游客，傍晚则多半是小孩子，晚上则以结束一天工作的商人或工匠居多。至于忙了一天家事的妇女们，得在打烊前才能来泡澡。

泡澡费用起初是四至五文钱（2~3元），后期因物价上涨攀升到十二至十六文钱，不过也只是吃一碗素汤面的价格，也有每月支付固定金额就能不限次数洗澡的定期券。就算日子过得穷困，也要把身体清洗干净，不愧是美学意识强烈的江户人，甚至有人一天去澡堂好几次。

江户时代，不仅长屋没有浴室，为了避免火灾，一般町家或武士家，基本上也不设置浴室。但是，钱汤是个不分身份地位高低，人人都可平等使用的地方。二楼设有须另外付费的包厢，对男性来说，这里也算是一个社交场合。武士也好、乡民也好，众人"坦诚"相对，洗完澡后下下围棋或将棋，彼此间还可以交换一些信息。

澡堂内部装修

泡澡不拖拉！江户人的快速入浴

江户时代的澡堂生意非常好，顾客一般不会在里面泡太久，快点洗完出来才是当时的主流。

石榴口

顾客进出时必须蹲低身体，才能进入浴池浸泡身体。当时，人们习惯用石榴醋擦拭镜子，称为"镜要"，发音正好与"蹲低进入"相近，由此这道门才被称为"石榴口"

上场

在浴池外，还会另外准备热水槽。在清洗身体的地方把身上汗垢都洗净后，很多人会先来这里，用水槽里的热水简单冲洗身体后进入浴池。

番头

坐在番台(柜台)上收钱的人。常有小偷以顾客的高价衣物或钱财为下手目标，番头必须随时盯着全场。

更衣处

这里的地板比地面高一段，顾客站上来脱掉衣物。浴场与更衣处之间铺了竹地板，具有透水功能。

浴场

用水桶水瓢清洁身体的地方。地上有细细的沟槽，脏水会沿着沟槽流走。

插花、三味线、品茶——江户的才艺补习班

符合 条件者 ▷	商人	农民	武士	皇室	其他	符合年代 ▷	江户前期	江户中期	江户后期

 ## 太平盛世，才艺班生意兴隆
庶民每天都在上课与练习

天下一太平，庶民花时间做的事也有所改变，学习才艺正是其中之一。江户的人们依照不同身份地位，热衷学习不同才艺，和现代人积极学习才艺参加培训班差不多。

一开始，江户的庶民间流行学剑道。失去主君的浪人剑客在各地开办道场，吸引庶民上门学习剑道。剑道本是武士出人头地的手段，在太平盛世成了普通人学习的才艺之一。

社会一进入稳定期，歌舞音曲、插花茶道等风雅的才艺就成为学习主流。为了给自家宴会增添气氛，越来越多的人开始学习长歌、短歌等以三味线伴奏演唱的"宴饮歌"。百姓的日历渐渐写满上课、排练的行程。

当时，商人或富农家的女儿受雇到武士宅邸或富裕豪商家工作是很普遍的事，在这样的趋势引领下，为了能够独当一面，女性也开始学习礼节规范，被称为"行仪见习"。除了学习符合礼数的遣词造句，还要学习正确的坐站姿势与行走仪态。此外，三味线、古琴、日本舞、茶道、花道……女性开始学习起各式各样的才艺。现代的"新娘学校"或许传承自当时的补习班。女性通过学习才艺，形成良好教养后，才称得上能独当一面。式亭三马的喜剧读本《浮世风吕》中就曾有过女性抱怨必须学太多才艺的描述，可见当时女性过得真辛苦。

众多才艺中，最受欢迎的就是能用来为长歌等歌谣曲伴奏的三味线。受雇工作前，年轻女孩以学徒身份定期拜师学艺，教导才艺的师父也多为女性，年轻时经历过一番"行仪见习"，在工作中继续磨练技艺。另外，也有原本从事艺伎工作的师父。无论拜的是哪种师父，一般都要从自家前往练习场学习。有些男学徒醉翁之意不在酒，与其说是为了学习才艺，不如说是想趁机接近女师父。另一方面，担任才艺师父的，也有不少是武士富商的小妾。

全民学习才艺

从待嫁的女儿到想受异性欢迎的男性都投入学习

失去职位的武士，开设武道场教授剑道。江户时代的人开始有了拜师学艺的习惯。这或许就是江户版的补习班吧。

各种才艺

三味线

人气第一的才艺就是三味线。此外还有尺八、小调、长歌等与音乐相关的才艺。商人或乡民喜欢在宴席上表演歌谣，以此炒热宴会气氛。

剑道

属于硬派的才艺，学剑道的多是町民或农民。江户初期，宫本武藏开创剑道场引发一大流行，到了幕府末期，剑道再次吸引众人学习。

围棋与将棋

围棋与将棋的学习受到幕府补助扶持，以"知性游戏"之姿深入民间。渐渐地，多种才艺也在庶民间普及，连澡堂二楼都盛行下棋社交。

品茶

随着茶道学习的普及化，品茶开始脱离茶的原本样貌，呈现出带有娱乐性质的"游艺"特性。

娱乐

没有 Switch 和 PS5，
娱乐方式不输现代

符合条件者 ▷	商人	农民	武士	皇室	其他

符合年代 ▷	江户前期	江户中期	江户后期

比起一个人安静地玩耍，
大家更愿意同乐

小孩子是玩耍的天才。江户时代的孩子，也在日常生活中发挥满满创意，创造出各式各样独特的游戏玩法。

在喜欢一决高下的男孩子间，拍洋画和斗陀螺都是很受欢迎的游戏。这类游戏和现代的对战游戏有些许相通之处。另外还有一种名为"根木"的游戏，玩法是游玩者各拿一根削尖的木棒，轮流投掷在地上让木棒插入地面，朝地面抛投时，还要想办法用自己的木棒击打对方的木棒，只要能将对方的木棒击倒就算获胜，玩法与拍洋画类似。

当时的玩具"高跷竹马"，其实就是用竹子做的高跷，一般家长都能轻易完成。身手灵活的孩子，一下就能学会用单脚操纵高跷竹马。

蜻蜓到处飞舞的季节，小孩子会把母蜻蜓用绳子绑在木棍上，借此诱捕公蜻蜓。据说只要有一只母蜻蜓，想抓多少公蜻蜓都抓得到。正月的游戏是放风筝，这也是男孩之间最典型的游戏，玩心重的小孩，每天都会带风筝到附近的空地集合玩耍。

女孩子正月玩的是板羽球。在无患子的果核上插根羽毛，用拍板对打，没接到的人就算输。女孩子的游戏普遍比较文静，平常玩的东西多半取自身旁的物品，像是抛接小沙包、翻花绳、弹玻璃珠等。

女孩们也玩拍球或踢球，起初只是把彩球往上丢，等掉下来时接住，再重复抛接的游戏。后来出现有弹力的彩球后开始把球朝地面丢，弹起来玩。

江户时代的小孩在户外必玩的游戏有"鬼抓人"或"踩影子"。鬼抓人的玩法是先选出一个人当鬼，鬼追着其他人跑，被鬼抓到的人就要当下一个鬼踩影子。至于桌游，当时最流行的就是双六和纸牌。

孩子们只要一有空，就会召集一群伙伴玩耍。大多数时候，庶民的孩子只会和庶民的孩子一起玩，武士或富裕家庭的孩子不会加入。

> **男孩的游戏**

众多游戏抓住了江户时代男孩子的心

有些孩子玩得专注忘我，还会不小心闯过武士大名的队伍，引来一顿责骂。

滚圆环

从废弃木桶或木樽上取下箍圈，拿小树枝推箍圈玩的游戏。时常有小孩太专注滚圆环，不小心从大名队伍中横过，因而受到斥责。

高跷竹马

江户时代，踩高跷游戏非常普及。这种踩在横木上行走的游戏，连现代人也耳熟能详。厉害的人还能把其中一根高跷竹马扛在肩上，只靠单脚跳着玩。

钓蜻蜓

用绳子将母蜻蜓绑在棍子前飞舞，借此引来公蜻蜓并加以捕捉的游戏。

水铁炮

模仿日本战国时代用来灭火的"水铁炮"，江户时代的男孩们利用水泵的原理，拿竹子制成水铁炮玩具，玩水消暑。

享受色彩缤纷的玩具

女孩多半在室内游玩，玩具重视漂亮的外观与颜色，还有不少加了豪华装饰。

花札纸牌

纸牌发祥于欧洲。江户时代衍生出花札、伊吕波纸牌以及百人一首歌牌等日本特有的纸牌。

御手玉

平安时代的主流是使用小石头做的御手玉，到了江户时代，则演变成把红豆装进小布袋里，一次抛接好几个玩的小沙包形态。

拍球

用五色丝线做成的彩球，色彩缤纷华丽。玩法是拿彩球朝地面拍打。彩球里塞了棉花、麻秆和魔芋球，使其带有弹力，会在地上弹跳。

鼬鼠游戏

在对方握拳的手背上放上自己的手，嘴上说着"扮鼬鼠，扮鼬鼠"的儿歌，对方也做一样的动作不断反复。

> **大家一起玩
> 的游戏**

男孩女孩有时也会亲昵地一起玩

江户时代还有许多男孩女孩一起进行的游戏。各地还诞
生了独特的游戏儿歌和规则。

毛虫打滚

众人排成一列，在最前面的孩子带领
下左右摆动身体，模仿毛毛虫的姿态
往前走的游戏。这种游戏不用分胜负，
玩到累为止。

团团转

两人握着手，一边互相拉扯一边转圈
圈的游戏。看谁先转得头晕目眩，倒
下就算输。也有多人牵手围成一个大
圆圈，同时拉扯转圈的玩法。

抓小孩

当鬼的孩子必须冲破对方的队伍，抓
住后面的小孩。队伍中扮演父母的人
为了不让小孩被抓走，必须设法阻挡
鬼的前进。当后方的所有小孩都被鬼
抓走，游戏就结束，下一轮由小孩被
抓光的父母当鬼。

生活起居，柴米油盐，来看看江户人的生活风格

江户市区分成武士居住的"武家地"、寺庙、神社占有的土地"寺社地"和普通民众生活的"町人地"。普通民众人口虽占总人口的一半左右，从生活面积来说，武家地和寺庙神社地却占了总面积的八成，除去空地，町人地只占不到两成。

模仿京都城市设计，分隔成棋盘状的江户市区内，以四周有马路围绕的60间（约110米）范围为"一町"。每一个町的大小，以面向马路的宽度"间口"5～10间（9～18米）乘以深度20间（约36米）。町家的长屋由外长屋（外店）与内长屋（内店）组成。住在外长屋的是经济状况较宽裕的商人，一楼设置店铺，二楼用来居住。而内长屋则是一栋栋形状横长的建筑，以薄壁隔间，换句话说就是便宜的集合住宅，生活在其中的多为生活贫困的底层民众。通往里长屋的入口有一道3尺（约90厘米）宽的木门。居民一般都从这道木门进出，为了防盗，开放时间有所限制。每天的早上6点打开，晚上10点关闭。

内长屋里，每一个房间进门后只有一小块"土间"，屋内空间也很狭小。别说壁棚，连浴室和厕所都没有。棉被折起来只能放在屏风后面，衣服则直接挂在墙壁上，剩下的空间用来放置灯笼等生活用品就差不多塞满了。连一个人住都嫌狭小的空间，往往勉强住着一家三口。以填海造陆方式扩大的江户，地下水含盐量较高，因此无法掘井。里长屋的居民虽然有共用水井，井里的水其实只是从神田川或玉川上引水储存而来的。租住长屋的房客从水井取水来当作洗衣等日常生活用水。每年七夕，所有房客联合起来清扫水井的例行公事就叫"井户替"。

因为没有厕所，上厕所的时候得去使用名叫"雪隐"或"后架"的公共厕所，这类公厕几乎位于巷弄中间，许多人公用2～3间公厕。公厕门只遮住下半部，在里面如厕的样子人人都看得见，毫无隐私可言。

江户民众的居住环境

没有浴室也没有厕所？普通民众居住的长屋

在没有公寓及现代化住宅的江户时代，民众的居住环境是怎样的呢？

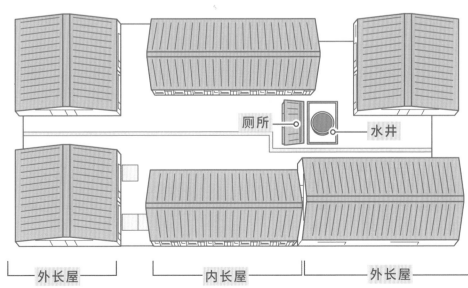

厕所　水井

外长屋　内长屋　外长屋

149

没有这些东西就无法生活！

从米缸、研磨盆等大家耳熟能详的东西，到"铁浆付"之类江户时代特有的用具，接下来将会介绍江户时代人们日常生活中使用的各式必需品。

米缸

用来保存大米的容器。虽然没有固定规格，但还是以木头方盒状的米缸最常见。吃饭前，先从米缸里拿出需要的分量，洗米后用火灶或名为"七轮"的烤炉炊煮。

研磨盆

用来磨细食材的研磨盆。使用木制研磨棒将食物磨成粒状或泥状。当时的味噌并未经过精制，煮味噌汤前得先将味噌里的豆粒磨细。

食盒桶

附带的木盖上有两个把手的桶子。外形上比打水用的水桶浅，外出购物或旅行游玩时，就拿这种桶来装食物。

味噌筛

圆形木框下装有一层细密金属网的器具。由于当时售卖的味噌多半残留豆粒，使用前先以研磨盆磨碎，之后必须再用这种筛网过滤。

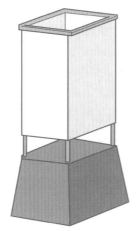

行灯

江户时代灯笼的一种,灯油用的是菜籽油。行灯(方形纸罩灯笼)是室内用灯笼,在倒入菜籽油的盘子里插入灯芯,再盖上方形的灯罩。

蜡烛台

比菜籽油灯明亮 4～5 倍的蜡油必须以烛台固定,上面有防风用的纸罩。蜡烛制造手法复杂,在当时属于奢侈品,经过很长一段时间才在民间普及。

房杨枝

江户时代人们用这种名叫"房杨枝(牙签)"的器具刷牙,可以说是江户时代的牙刷。制作方式是:用锤子将杨树小树枝的前端敲裂,剥成纤维使其呈刷状。

"铁浆付"的用具

江户时代的已婚妇女,有使用铁氧化后的黑色液体将牙齿染黑的习惯,名为"铁浆付",又叫作"黑齿"。所有平民的人妻毫无例外,人人都有一套铁浆付用具。

提灯

原本是直接在烛台上加手柄拿着走的形式,后来发展为灯笼。在竹枝构成的骨架上贴纸,底下是放蜡烛的底座,灯笼不用的时候可以折叠收纳。

看戏

旅行

兴趣爱好

公共设施

娱乐

生活风格

猫、狗、金鱼……任何时代都需要宠物！

著名浮世绘画家兼爱猫人士歌川国芳绘制过众多以宠物猫为主题的作品，江户人对宠物的喜爱也由此可见一斑。

江户时代，人们习惯饲养各式各样的宠物。小狗小猫就不用说了，江户人还培育出许多观赏用的金鱼品种。此外，江户庶民也喜欢养鸟类与昆虫，欣赏美妙的鸟叫与虫鸣。饲养的既然是活生生的动物，江户人和现代人都一样为了寻求更好的饲养方法而绞尽脑汁。为了满足这样的需求，江户时代甚至出版了不少教人饲养猫狗、金鱼甚至仓鼠的"饲养手册"。

猫

进入江户时代后，猫的数量增加，同时也稳坐最受欢迎宠物的宝座，地位难以撼动。浮世绘画家歌川国芳就非常爱猫，留下了许多与猫有关的作品。也有许多江户百姓养猫是为了防治老鼠。

狗

狗可谓宠物的代表。江户时代的城市和现在不同，有很多放养的家犬或流浪狗四处走动。小型犬"狆"是最受欢迎的犬种，最早从幕府将军的后宫"大奥"以及诸侯家中开始饲养，随后在民间普及。

金鱼

江户后期，卖金鱼的小贩逐渐变多，饲养金鱼逐渐普及，例如从"和金（和锦）"品种改良出的"兰铸"等，各种金鱼品种接连诞生。其中不乏价格昂贵的品种。

鸟类

日本人自古就有养鸟习惯。文鸟、日本树莺、知更鸟以及绿绣眼等拥有悦耳啼声的鸟类深受民众喜爱。饲养同一种鸟的人还会带着自家的鸟举行"鸣唱"大会，竞争最美叫声的称号。

仓鼠

仓鼠虽然因偷吃食物而被视为有害动物，但也因为拥有旺盛的繁殖力，成为子孙兴旺的象征。江户后期出现过一股饲养仓鼠的潮流，还有街头艺人或卖糖果的小贩饲养老鼠，用来吸引客人。

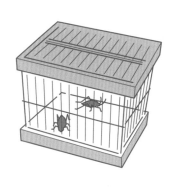

昆虫

江户时代，还有贩卖昆虫的小贩。那时主要贩卖铃虫（蟋蟀的一种）、纺织娘、金琵琶以及螽斯等叫声好听的昆虫。民众饲养这类昆虫，欣赏它们美妙的叫声。

用火盆烤地瓜吃！
江户时代的冬季御寒方法

用头巾与手拭巾取代围巾

　　江户时代气温比现代低，再加上房屋为木造，冬季室内也可谓"寒冷彻骨"。即使有火盆等取暖用具，但升高室温的效果还是有限的。因此，江户人不分身份地位高低，冬天习惯在室内穿"福袍"，这是一种在两层衣料间塞入大量棉花的厚重衣物。

　　男性外出时，在一般和服外加穿"拾羽织"（有里衬的外套），女性则多披一件"半缠"（短版外套）保暖。用布料缝成的帽子形头巾主要是女性使用的御寒配件，也有人用手拭巾代替头巾，或像现在的围巾一样围在脖子上。

　　天冷的日子吃温暖食物暖身，这点倒是从过去到现在都没有改变。当时，有些人会吃野猪肉，人们认为这么做能增加身体的热量。冬天必吃的点心"烤地瓜"也很受欢迎。